INDICE

Parte terza
DAI 3 ANNI ALLA SCUOLA PRIMARIA

IL PIACERE DI VEDERLI CRESCERE STANDO CON LORO

Ingegnere, donna, poco più che quarantenne, mamma di una figlia attualmente iscritta alla scuola elementare, burattinaia e scrittrice nel week-end.

Queste sono le mie credenziali.

E vi sembra poco?

Ogni donna che ha avuto la possibilità di diventare madre sa che difficilmente troverà nella propria vita altre esperienze altrettanto coinvolgenti. Le esperienze vissute sono fonte di ricchezza personale, ma se condivise con gli altri possono divenire ricchezza per tutti.

Amore e condivisione sono le motivazioni ispiratrici di questa guida.

Amore per mia figlia, che è la protagonista silenziosa di tutto il volume, e condivisione di un variegato bagaglio di ricordi composto dalle difficoltà quotidiane superate, dalle nuove vie esplorate, dalle strategie talora bizzarre messe in atto per rispondere adeguatamente ai suoi bisogni o solo semplicemente per testimoniarle il mio sconfinato amore.

Se avete preso dallo scaffale di una libreria questo volume e state leggendo queste parole, sicuramente anche voi siete stati mossi dalle medesime motivazioni: amore e condivisione. L'amore per i figli, che guida le vostre azioni e decisioni quotidiane, e il bisogno impellente di condividere con gli altri la propria esperienza per confrontarsi, per rassicurarsi, per trovare soluzioni nuove o per rinsaldarsi con rinnovata decisione nei vecchi propositi.

I bambini nascono e crescono a una velocità sorprendente e in ogni attimo mutano, evolvono chiedendoci di adeguarci con la medesima velocità. Avere un figlio è come trovarsi per la prima volta naufraghi su un'isola deserta (ma senza le telecamere e i comfort dei reality show). Bisogna reinventare tutto.

È normale sentirsi smarriti di fronte a tale compito, ben più difficile di qualsiasi incarico lavorativo in cui obiettivi, strumenti e risorse sono variabili conosciute, dove la strada è indicata e va solo percorsa con zelo e impegno.

È normale sentirsi soli.

GENITORI: UN MESTIERE CHE SI IMPARA

Si sa, l'esperienza della genitorialità è sempre unica, come unici sono i figli, anche se nati all'interno di famiglie numerose; sono invece comuni i problemi e le difficoltà che insorgono alla nascita di un bambino: l'allattamento, lo svezzamento, il sonno, il camminare, il controllo degli sfinteri e così via, fino alla scuola primaria, luogo in cui il prezioso frutto di tante assidue cure viene consegnato per entrare definitivamente nel novero dei «bambini grandi».

È per questo che libri, saggi e manuali di scrittori ben più autorevoli della sottoscritta campeggiano oggi numerosi sugli scaffali di Educazione e infanzia delle librerie ben assortite, come utili guide divenute ormai indispensabili per affrontare la professione di novelli genitori. Personalmente ne ho letti molti, sia prima che dopo la nascita di mia figlia, apprezzandone in particolare alcuni per la loro chiarezza e semplicità espositiva.

Può sembrare illogico dover ricorrere alla consultazione di un libro per riuscire a esercitare il mestiere per cui siamo stati geneticamente programmati fin dalle origini del genere umano.

In realtà, nonostante la globalizzazione, oggi siamo ben lontani dall'essere una «tribù». I genitori moderni esercitano tale ruolo da soli perché l'attuale società urbana si è resa colpevole di non aver saputo sostituire, con nuove forme di sostegno, il tradizionale aiuto familiare presente nella società contadina, in cui la famiglia era innanzitutto un'articolata comunità di accoglienza.

La famiglia che attende e festeggia l'arrivo di un bambino oggigiorno è costituita solo dalla coppia, se non addirittura, a volte, dal singolo genitore.

Occuparsi a tempo pieno di un neonato logora la resistenza dei genitori non soltanto per l'oggettiva fatica fisica, ma soprattutto per il carico di ansia che questo impegno comporta. Se nessuno ci dice che stiamo facendo un buon lavoro, anche se il piccolo piange la notte o non mangia tutta la pappa, iniziamo inevitabilmente a maturare dei dubbi sulle nostre capacità genitoriali.

Un aiuto concreto per uscire da questo «isolamento psicologico» può derivare sicuramente dal confronto delle esperienze con altri genitori. Questo, io credo, spiega il fiorire e il successo dei numerosi siti Web e blog in cui i genitori si confidano, si scambiano domande e consigli, danno vita a iniziative di aggregazione aventi come tema centrale i figli, la loro salute, la loro crescita ed educazione.

Ottenere la conferma che quello che stiamo facendo per il nostro bambino è adeguato permette anche di vincere, o almeno sopportare meglio, la fatica dell'accudimento. Scoprire che altri hanno vissuto lo stesso problema, ma lo hanno affrontato e risolto, può trasmettere il coraggio di fare altrettanto.

Insieme si fa sicuramente più strada. Da soli, anche le ombre fanno paura.

IMPARARE A OTTIMIZZARE TEMPO E RISORSE

A questo punto urge un incoraggiamento per i neogenitori: vivere accanto a un bambino per l'intera giornata, o anche solo per poche ore serali come capita a molti papà, può diventare un'esperienza così coinvolgente che in breve non riuscirete più a concepire la vostra vita senza di lui. E così sarà anche quando, per la troppa stanchezza, vi verrà la tentazione di rimpiangere le noiose serate addormentati davanti al televisore, le tranquille cene seduti a tavola tutti insieme, le docce in orario preserale a cui far seguire una abbondante dose di crema idratante spalmata sul corpo o (che libidine) un vigoroso peeling esfoliante.

Occuparsi di un figlio richiede ovviamente di occuparsi meno di noi stessi, imparando però a ottimizzare tempi e risorse.

Provate a pensarla così: quando i figli saranno grandi e autonomi, saremo diventati così bravi a organizzare la nostra famiglia che ci ritroveremo di nuovo tanto tempo libero da usare a piacimento.

Nel frattempo, viviamo ogni momento trascorso con il nostro cucciolo come un'occasione unica per conoscersi meglio e rinsaldare il legame affettivo con lui.

Scoprirete ben presto che sono molti i modi per comunicare: sguardi, suoni, parole, gesti, contatto, calore e gioco. Attraverso quest'ultimo si comunicano sensazioni ed esperienze e si apre la porta alla conoscenza del mondo.

Non è facile per un adulto ritrovare il piacere e la spontaneità del gioco, soprattutto se la richiesta del bambino viene avanzata quando ritorna a casa dopo una pesante giornata di lavoro carica di responsabilità e problemi. È difficile resistere alla tentazione di accendere il televisore e affidare al ronzante elettrodomestico la nostra prole: ecco il momento in cui la collaborazione domestica tra i genitori diventa essenziale, magari a turno. Mentre uno dei due si occuperà delle incombenze casalinghe (spesa, cena ecc.), l'altro si dedicherà al bambino. Non ho usato a caso il verbo «dedicarsi», perché è proprio questo che il piccolo vi chiederà con i suoi gesti, le sue parole, i suoi giochi: di dedicargli il vostro tempo e non semplicemente di «occuparvi» di lui.

I bambini giocano e svolgono le loro attività con grande impegno e serietà e si aspettano che voi facciate altrettanto. Anche giocando insieme ricorderete loro che li amate.

LE SCORCIATOIE DOMESTICHE

Molte volte vi troverete a combattere contro la tentazione di imboccare delle «scorciatoie» per gestire il tempo libero dei vostri figli: acquistare un nuovo giocattolo, affidarli ai nonni, accendere la Tv.

Vi capiterà di cedere: non dovete sentirvi in colpa, anche voi avete bisogno di ricaricare le batterie, purché le soluzioni di comodo non diventino le uniche praticate. Cercate allora di organizzarvi in modo più «solidale» così da consentire a ciascun genitore di non sentirsi l'unico soggetto con il carico emotivo e fisico dell'accudimento dei figli. Per esempio, finché mia figlia non ha raggiunto l'età in cui rimanere consapevolmente accanto ai genitori senza allontanarsi, raramente ci siamo recati nei centri commerciali tutti e tre insieme. Compilata a casa la lista della spesa, agli acquisti provvedeva mio marito mentre mia figlia e io trascorrevamo serenamente il sabato mattina nella ludoteca della biblioteca ragazzi della nostra città.

Mi dichiaro sempre una madre fortunata. Ho avuto l'opportunità di occuparmi personalmente e in maniera esclusiva di mia figlia fino ai nove mesi di età: giorni faticosissimi ma splendidi, perché potevo stare accanto a lei ogni momento. La osservavo, la coccolavo, la annusavo, ero lì per lei. Attendevo ogni sera con trepidazione il momento preparatorio alla nanna dedicato a un tenero ballo *cheek to cheek* con lei che dondolava nel marsupio o in braccio. La stanchezza accumulata spariva, e solo allora mi sembrava di aver fatto un buon lavoro.

Il ritorno in ufficio ovviamente è stato per me traumatico, nonostante nutrissi la massima fiducia nell'asilo nido a cui l'avevo affidata e in mia madre che se ne occupava nelle ore pomeridiane. L'ingresso in comunità ha coinciso presto con il momento in cui ha imparato a camminare, evento che le aprì nuovi orizzonti di esplorazione.

Non appena rientravo a casa, mia figlia mi reclamava soprattutto per giocare, per fare, per muoversi in ogni direzione. A volte non mi lasciava neanche il tempo di indossare le pantofole, mentre la doccia rilassante diventava un miraggio sempre più lontano. Poco per volta imparai a lasciarmi coinvolgere dalle sue attività apparentemente senza senso (come spostare le bottiglie di plastica vuote, accatastare i peluche, travasare i pennarelli da una bacinella all'altra...). Capii che per mia figlia invece avevano senso, le davano sicurezza, gioia, divertimento. Lei era tutta indaffarata a vivere e io avevo il privilegio di poterla osservare. Da allora non ho più smesso di lasciarmi coinvolgere dai suoi giochi, anche se adesso, a otto anni compiuti, non reclama più la mia presenza, se non occasionalmente, e preferisce decisamente le sue amichette a me.

Mi intenerisco vedendo che, ancora oggi, ripesca dalla libreria quei volumi colorati pieni di figure e finestrelle che a due, tre anni mi costringeva a leggere in maniera ossessiva come se non fosse mai sazia. Ora li sfoglia da sola, a mo' di accompagnamento a giochi più complessi fatti di bambole, peluche, mostri e cavalli, ma restano il testimone indissolubile dei momenti trascorsi insieme in cui, grazie a un piccolo libro, ci comunicavamo il bisogno reciproco l'una dell'altra.

L'IMPORTANZA DI FARE INSIEME LE COSE

Fare insieme le cose è stata la chiave più importante di comunicazione e scambio affettivo con mia figlia. Ancora oggi per noi cucinare una torta, disegnare insieme, incollare le figurine sull'album, chiacchierare sono momenti speciali. Con la crescita ovviamente cambiano gli interessi, parallelamente alla capacità di fare, ma il bisogno di trascorrere il tempo insieme non muta.

Lasciarsi coinvolgere e abbandonarsi alla spontaneità renderanno il gioco o l'attività più appaganti per entrambi. Ricordo sempre con piacere le feste di compleanno, di Carnevale e Halloween allestite in casa e organizzate con cura meticolosa per intrattenere mia figlia e i suoi amichetti (con giochi, premi e cotillon). Confesso che mi sono divertita anch'io a saltare, cercare il tesoro e a ballare a ritmo. Grazie a mia figlia ho scoperto inoltre una solida passione per il teatro dei burattini, tanto che ora mi diletto a intrattenere intere classi di scuole materne con spettacoli comici e spumeggianti, che lei ovviamente ormai diserta perché «troppo grande».

CREARE UN TAM-TAM VIRTUOSO TRA GENITORI

Tornando alle motivazioni che mi hanno condotto alla stesura di questa guida, ribadisco la mia intenzione di contribuire, anche se in misura modesta, a rompere il dannoso isolamento in cui la nostra società ha abbandonato i padri e le madri nell'assolvimento del complesso compito genitoriale.

Dalla mia «isola personale» ho provato a condensare nelle fitte pagine che state sfogliando tutte le esperienze di attività, gioco e comunicazione vissute con mia figlia dalla nascita ai 6 anni; le ho chiuse in una bottiglia e ora le sto affidando fiduciosa alle onde del mare, con l'obiettivo di creare un tam-tam virtuoso tra genitori.

A questo proposito, quelli che seguono sono pochi ed essenziali suggerimenti di ordine pratico che vi possono agevolare nella lettura e nell'uso di questa guida:

1. Le esperienze raccontate vengono proposte solo come suggerimenti, e possono essere agevolmente variate a seconda della fattiva disponibilità casalinga di giochi e materiali o della personale predisposizione del bambino e del genitore.
2. È inutile proporre qualsivoglia gioco quando il bimbo

è stanco o affamato, perché si amplificherebbero solo il suo nervosismo e la sua insoddisfazione.

3 Ogni esperienza può essere compiuta, indifferentemente, da uno dei genitori. Questo è un invito sfacciato rivolto ai papà affinché osino di più con i propri figli, anche in quella prima età in cui non vanno in bicicletta e non sanno tirare una palla.

4 Proponete le attività qui descritte nell'età suggerita, per evitare che l'insuccesso della prova ingeneri nel piccolo un inutile senso di frustrazione.

5 Siate invece sempre pronti e decisi a intervenire e a interrompere, con determinazione, qualunque comportamento che possa ledere la sicurezza del bambino o degli altri.

Infine, un ultimissimo suggerimento: provate, sperimentate con vostro figlio, osate pure, ma soprattutto non dimenticatevi che state giocando con lui.

Perciò non vi aspettate sempre dei veri e immediati risultati, che comunque arriveranno; non rimproverate il giovane talento, se sbaglia o non capisce le vostre istruzioni: armatevi di pazienza e ripetetegliele con dolcezza, non lesinando carezze e abbracci.

Se l'esperienza conduce a risultati diversi da quello atteso, esultate per la fantasia e l'originalità di vostro figlio.

Non dimenticate di incoraggiarlo spesso e di lodarlo quando lo merita.

Forza, allora: rimboccatevi le maniche e preparatevi con entusiasmo ed energia a esplorare, manipolare, far finta che, sporcare la cucina, spassarvela tra bacinelle piene d'acqua, animare pupazzi e peluche, soffiare bolle di sapone giganti, disegnare su fogli ciclopici, utilizzare materiali insoliti, in compagnia dei vostri figli.

Forse scoprirete che sarà divertente anche per voi.

Alessandra Zermoglio
(mamma di Martina)

Nella descrizione del singolo gioco o attività abbiamo utilizzato le seguenti icone per descriverli sinteticamente:

 età consigliata

 senso/i coinvolto/i

 ambito e/o tipo di attività

 ricorrenza consigliata

Parte prima
DALLA NASCITA AI 2 ANNI

Accade di tutto nel periodo che va dalla nascita ai 2 anni.

È l'unico periodo della vita umana in cui l'età procede in termini di mesi anziché di anni. Ogni settimana che passa vede il bambino scoprire e affinare nuove capacità sensoriali, motorie, persino linguistiche. È la corsa dei cento metri dell'evoluzione umana.

Si è ancora immersi nelle fatiche dell'accudimento estremo del piccolo (pasti notturni, ninne nanne, cullarlo in braccio, coliche gassose, cambio pannolini ecc.), da cui i genitori escono stremati, e già si guarda con speranza ai mesi in cui finalmente starà seduto da solo, poi gattonerà e infine camminerà, non pensando, o non volendo pensare ancora, ai dolori di schiena, e all'apprensione, che ci tormenteranno mentre lo accompagneremo, con sguardo orgoglioso, nella conquista della postura eretta.

In questo primo periodo della vita del bambino la figura materna si staglia con una grandezza e una centralità irripetibili. La mamma sazia la fame, la mamma accorre al pianto del figlio, la mamma consola, la mamma fa passare la paura. Non pensino per questo i papà di essere esonerati dai propri doveri parentali e affettivi.

È vero che le madri sanno distinguere il pianto del neonato ed empaticamente capire la ragione della sua sofferenza, ma i padri possono intervenire, aiutare, incoraggiare, sostituire l'altro genitore sopraffatto dalla stanchezza.

Il legame che si instaura tra genitori e prole in questo periodo passa inevitabilmente attraverso il linguaggio della presenza, dell'accudimento fisico, dei suoni, delle voci, del tocco delle mani. La risposta del bimbo agli stimoli esterni cresce, si amplifica e articola nel trascorrere dei mesi, fornendo al genitore la confortante sicurezza di assistere a risposte sempre più volontarie e mirate.

È il momento dell'osservazione quotidiana. Sperimentate e fidatevi del vostro istinto, che è sicuramente attento e ricettivo come non mai.

DA 1 A 2 MESI

Anche se vi può apparire assurda l'idea di svolgere delle attività con vostro figlio proprio mentre state vivendo la fase dell'accudimento più totale in cui vi sembra di avere tempo solo per occuparvi di lui, cioè di allattarlo, pulirlo, cullarlo, stare svegli per accertarsi che respiri (sì, anch'io l'ho fatto!), vi invito comunque a leggere queste poche pagine in cui racconto i miei primi timidi tentativi di instaurare un rapporto nuovo con quella strana creatura, che mi ero illusa di aver imparato a conoscere nel pancione, ma che fin da subito si rivelò un sorprendente individuo unico e a sé.

Durante la gestazione avevo consultato numerosi e utilissimi testi di autorevoli esperti di puericultura, pedagogia e dinamiche familiari, nella speranza di arrivare adeguatamente ed emotivamente preparata all'incontro con il mio cucciolo. Mi ero illusa: non ci si può preparare alle emozioni della maternità. Ci si può però abbandonare a esse con estremo piacere. E io lo feci.

Avendo dovuto rinunciare fin da subito, mio malgrado, all'allattamento al seno (mi tirai per quattro mesi il latte con una macchina infernale e rumorosa per poter produrre almeno la metà dei pasti giornalieri), mi trovai nella necessità imprevista di sostituire il momento magico della poppata con altre forme di contatto e comunicazione che potessero essere ugualmente uniche e gratificanti per la coppia mamma-bambino. Dovetti improvvisare, ma la magia si compì.

Complice l'intera giornata a disposizione, stavo accanto alla neonata con l'apprensione di chi si sentiva impacciata anche nelle normali operazioni di cambio del pannolino, ma con la ferma intenzione di farle capire che c'ero ed ero lì solo per lei. E allora fiumi di parole, carezze, abbracci, calore fisico.

Difficile descrivere e raccontare le emozioni che mi travolsero nei primi mesi di vita di mia figlia, sebbene siano saldamente custodite nell'angolo più protetto del mio cuore. Un pudore naturale mi impedisce di condividerle con il lettore, al contrario sarei felice che divenissero patrimonio comune le mie esperienze più pratiche e dirette, convinta come sono che la loro carica di autenticità possa conferire alle mie parole una validità generale.

Fin da subito iniziai a tenere un diario attento e meticoloso di ogni giorno trascorso accanto a mia figlia, in cui trascrivevo i dati dei pasti, le anomalie del sonno, l'altezza e il peso mensili. Nato con lo scopo di informare la pediatra su tutto quanto potesse essere attinente alla salute della piccola, ben presto si trasformò in qualcosa di diverso, il resoconto di quello che facevamo insieme.

So di genitori che scrivono una e-mail ogni giorno al loro bambino neonato, di altri che creano interessanti blog in cui raccontano e ironizzano sulla loro quotidianità in famiglia. Io scelsi la strada tradizionale del diario.

Quando, anni dopo, decisi di intraprendere l'avventura di scrivere questa guida, dapprima mi abbandonai con commozione alla rilettura degli appunti disordinati accumulati in sei anni poi, facendo leva sulla mia innata mentalità «ingegneristica», mi rimboccai le maniche e mi cimentai in un serio lavoro di sintesi, traducendo il racconto dei momenti di contatto e comunicazione con mia figlia sotto forma di semplici suggerimenti, raggruppati per tematiche generali. Solo al momento della stesura definitiva mi sono permessa di aggiungere un giudizio sintetico sull'utilità che sicuramente queste esperienze hanno avuto anche nello stimolare i sensi e le capacità della bambina, oltre allo scopo primario di accompagnare me nella difficile esplorazione del ruolo di madre.

Probabilmente proseguendo nella lettura scoprirete di avere già messo in pratica molti dei miei suggerimenti semplicemente come risposta a quella voce potente che vi risuona dentro e vi suggerisce a ogni istante che cosa sia giusto per vostro figlio: l'istinto. In questo caso, spero che vi faccia comunque piacere scoprire di aver condiviso, con un'altra neomamma, le medesime esperienze ed emozioni.

Chiacchierare

Materiali necessari

Nessuno

Da 1 a 2 mesi

Udito

Modalità

Potrà sembrare ovvio, ma la prima forma di comunicazione con il neonato, oltre al contatto fisico, è la parola, o meglio il suono della voce del genitore. Nei primi mesi di vita il contatto strettissimo con il bambino vede inseparabili madre e figlio, complice magari anche l'allattamento al seno. Il vostro cucciolo sembra così piccolo e indifeso tra le vostre braccia che a volte ci si dimentica che è un individuo a sé. Parlategli comunque, anche se all'inizio può sembrarvi poco naturale. Non sentitevi sciocchi a chiacchierare con lui: anche se non può rispondervi, vi sta ascoltando.

È molto importante il tono di voce utilizzato: deve essere lento e tranquillo, ma non necessariamente stucchevole. Passeggiate per la casa con il bimbo in braccio, o trasportato nel marsupio o nella fascia, e sbizzarritevi a mostrargli gli oggetti circostanti indicandoli con la mano e pronunciando il loro nome.

Se non vi imbarazza, potete conversare con il piccolo anche durante le passeggiate all'aperto (convincetevi che la gente potrebbe al più scambiarvi per delle fanatiche del cellulare con auricolare, oppure scegliete orari pomeridiani poco frequentati). Io personalmente ho adottato la seconda tecnica. Nei giorni di maltempo mi sono rassegnata a camminare per il salotto spingendo il passeggino in tondo e raccontando storie improvvisate ad alta voce. Queste storie, registrate su cassetta, si sono rivelate poi molto efficaci durante il rito serale o pomeridiano di accompagnamento al sonno di mia figlia.

A testimonianza dell'infinito potere della parola, strumento insostituibile di comunicazione con gli altri e con se stessi, ecco la mia personale esperienza vissuta nelle settimane immediatamente successive al parto: la felicità per la nascita di mia figlia, avvenuta dopo un precoce rischio di aborto e una gravidanza trascorsa blindata in casa, fu inizialmente offuscata dalla paura, quasi un'ossessione, di poter morire inaspettatamente lasciandola prematuramente sola. Le mie giornate erano turbate dall'illogico pensiero che la mia maternità potesse essere immeritata ed effimera. Allora non riuscii a parlarne con nessuno, neppure con mio marito, che interpretò la mia costante ansia come naturale per una neomamma stanca e inesperta.

Cercai da sola una soluzione, facendo leva sul mio innato senso pratico. Se il destino avesse veramente deciso che non ci potevo essere per mia figlia, dovevo almeno proteggere lei e il suo futuro. Nell'immediato sapevo che i nonni e il padre avrebbero potuto sopperire alla mia mancanza, a spaventarmi era l'età difficile dell'adolescenza, quando il confronto con la figura materna diventa centrale nel processo evolutivo verso la vita adulta. Pensai allora di sopperire a questa carenza trasmettendole anticipatamente tutte le informazioni che le sarebbero state utili in quel difficile periodo. Anticipai le risposte a quelle sue possibili domande, che allora potevo solo supporre: sulla scuola, gli amici, gli amori, il sesso, la droga. Registrai tutto su cassette e le conservai per il suo quattordicesimo compleanno. Sapere di avere fatto qualcosa di utile, giusto e duraturo mi diede un immenso sollievo. Non so se mia figlia abbia avuto qualche reale beneficio dall'avermi ascoltato pazientemente, per molte ore, mentre con calma davo voce ai miei pensieri. Io sicuramente sì.

Vi rinnovo perciò l'invito a parlare il più possibile con i vostri cuccioli, afferrando loro le mani, guardandoli negli occhi, prendendoli in braccio e ascoltando il loro delicato e ritmico respiro: aiuterà entrambi i cuori a entrare in sintonia.

Cose che dondolano

Materiali necessari

Piccoli pupazzi in stoffa
Giostrine
Palestrine

Da 1 a 2 mesi

Vista, tatto

Modalità

Già in tenerissima età il neonato potrebbe gradire, o mostrare interesse per l'osservazione ravvicinata dei piccoli pupazzi in stoffa appesi a dondolare sopra la sdraia, se ne fa uso, o il passeggino. Il principio è quello delle giostrine sospese sopra il lettino che ruotano accompagnate dal suono di un carillon e delle palestrine multi-attività. Ne esistono di splendide in commercio, ma potete anche ricorrere a sistemi più artigianali come uno spago a cui appendere il pupazzo che poi farete personalmente dondolare vicino al bambino. Il movimento e i colori incuriosiranno il neonato e l'urto, anche occasionale, della mano con il pupazzo sarà per lui fonte di immensa, improvvisa gioia.

Non a tutti i bambini piacciono subito queste distrazioni, per cui l'attività va proposta senza insistenza, abbandonata se non sortisce interesse, e riproposta più avanti nel tempo.

Sicuramente al raggiungimento dei 3 mesi di età il bimbo riuscirà a padroneggiare l'attività dell'osservare e colpire i giochi dondolanti, e trascorrerà parecchi minuti sdraiato sotto la sua palestrina a dimenare con grande soddisfazione mani e piedi. Si tratta di un vero esercizio ginnico che impegna tutto il suo corpo e che spesso lo lascia visibilmente stanco. Mia figlia dopo 10-15 minuti frenetici di palestrina si addormentava dolcemente abbandonata sotto i suoi pupazzi dondolanti, tanto da meritarsi il soprannome di «sacchetto di sonno».

Attenzione

Le attività proposte in questa sezione, poiché utilizzano a volte oggetti piccoli o con parti minute e ingoiabili, non possono essere praticate dal bambino da solo, ma sotto la continua sorveglianza del genitore. Qualora vengano utilizzati giocattoli non destinati originariamente allo scopo o non dotati di supporto proprio, ma fabbricati artigianalmente dal genitore (spago, nastri ecc.), vi invito a non sottovalutare il rischio che tale materiale possa impigliarsi pericolosamente al corpo e agli arti del bambino a causa della consistenza, della lunghezza o del supporto stesso, tutti ovviamente non testati. Non rinunciate però a proporre al piccolo giochi da voi improvvisati, purché vengano sempre maneggiati da un adulto.

Giochi in braccio

Materiali necessari

Nessuno

Da 1 a 2 mesi

Vista, tatto

Modalità

Dando per scontato che il bambino trascorrerà molto tempo tra le vostre braccia o portato, si può pensare di utilizzare questa attività per qualche breve gioco o intrattenimento. Il suggerimento è valido se ovviamente non siete già totalmente dedicate all'allattamento, attività che esaurisce velocemente la resistenza fisica di braccia e schiena. Rivolgo perciò questi consigli soprattutto ai padri, confidando nella loro maggiore prestanza fisica e nel fatto che, dovendo per gli impegni lavorativi concentrare in poche ore giornaliere il contatto quotidiano con il figlio, prevalga in loro naturalmente il desiderio di toccare e palpare il proprio cucciolo.

Adottando tutte le medesime cautele messe in atto per il cambio del pannolino e il bagnetto (presa sicura, reggere la testolina ecc.), il piccolo può essere piacevolmente sollevato, passato da un braccio all'altro, dondolato, sfiorato con dita e naso, appoggiato sulla spalla. Ho ancora oggi ben impressa nella memoria l'espressione del volto estasiata e le grida di gioia e stupore di mio nipote a 3 mesi, quando, serrato tra le forti braccia del padre, veniva coinvolto in prudenti piroette.

Non tutti i neonati, però, mostrano di gradire queste manipolazioni, molti al contrario preferiscono che l'abbraccio sia soprattutto un caldo e sicuro rifugio consolatorio. Vi invito perciò a provare con cautela, tenendo sempre presente l'inclinazione naturale del bambino.

Ballare di fronte al bambino

Materiali necessari

Musica
Foulard

Da 1 a 2 mesi

Vista, udito

Modalità

Scegliete una musica che vi piace, magari tra quelle ascoltate ripetutamente durante la gravidanza, e provate a proporla al bambino. Forse i vostri gusti musicali coincideranno con i suoi, forse no, perciò siate pronti a sostituirla. Questa attività non è stata pensata per rilassare il piccolo e indurlo ad addormentarsi: la musica dovrebbe quindi essere ritmata, anche se ovviamente non rumorosa, e trasmessa con un volume adeguato. Mia figlia, per esempio, amava i Beatles e Fabio Concato. Iniziate a ballare di fronte al piccolo verificando di essere sempre nel suo campo visivo; non intendo necessariamente dei veri passi di danza, ma qualunque movimento ritmico dettato dalla canzone. Io, musicalmente negata, mi limitavo a slanciare verso l'alto braccia e gambe, come nelle peggiori imitazioni comiche delle ballerine di danza classica. Il bimbo resterà comunque incuriosito dalla compresenza di suono e movimento.

Con l'aiuto di un foulard, dietro cui vi nasconderete, potete poi «sparire» per «riapparire» dopo un brevissimo istante. La certezza che, alla scomparsa della madre, segua sempre il suo ritorno, è una tappa estremamente difficile e lenta da conquistare per il neonato. Questo semplice e utile gioco si colloca tra i tanti, come il cucù con le mani o il nascondersi dietro una tenda, che consentono al bambino un'esperienza breve, innocua e anticipata del distacco materno.

Massaggi

Da 1 a 2 mesi

Vista

Materiali necessari

Olio per il corpo
Borotalco
Materassino (o letto)

Modalità

In alcune città le Asl organizzano corsi di massaggio infantile per i genitori; esistono anche corsi privati e pubblicazioni specializzate. L'A.I.M.I., Associazione Italiana Massaggio Infantile, ha un sito ricco di informazioni (www.aimionline.it) che vi invito a visitare per farvi un'idea di cosa si intenda per massaggio infantile.

Personalmente ho avuto la fortuna di partecipare a un corso promosso dalla Asl della mia città, quando mia figlia aveva 3 mesi. È stata innanzitutto una splendida occasione di confronto con altre mamme e bimbi; sono stati inoltre incontri fruttuosi perché, con poche ore di lezione, abbiamo appreso tecniche semplici per massaggiare il corpo del bambino, così da stabilire con lui un contatto immediato e privilegiato. L'insegnante ovviamente raccomandava di praticare con assiduità a casa le sedute di massaggio. Pur non facendolo quotidianamente, ne ho constatato personalmente l'efficacia. Non sono mai arrivata a padroneggiare le tecniche più sofisticate, però mia figlia, ancora oggi, quando qualche preoccupazione scolastica la affligge o semplicemente desidera le coccole della mamma, mi chiede di massaggiarle la schiena, le spalle e il volto.

Credo che, al di là della perfetta riproduzione del gesto, sia importante l'approccio comunicativo tattile, soprattutto nei primi mesi di vita del bambino, quando ogni centimetro del suo corpo è un radar per esplorare la realtà.

Mostrare i libri

Materiali necessari

Libri con illustrazioni colorate
Libri con fotografie a colori

Da 1 a 2 mesi

Vista

Modalità

Tra le tante cose che si possono mostrare e far conoscere al neonato ci sono anche i libri, purché dotati di illustrazioni grandi e colorate o di fotografie a colori.

Quando mia figlia compì 2 mesi, scelsi un paio di libri per bambini di grande formato, con variopinte illustrazioni a colori a tutta pagina e, reggendoli in mano, li misi uno alla volta di fronte a lei sfogliandone lentamente le pagine. Non le permisi di toccarli, per paura che potesse ferirsi con la carta o danneggiare il volume. Riuscii sorprendentemente a catturare la sua attenzione senza utilizzare alcun gioco in commercio, e la magia si ripeté anche in altre successive occasioni.

Solo al terzo, quarto mese, quando ritenni che la piccola potesse afferrarli con sicurezza, passai ai volumi morbidi per neonati di stoffa o spugna e glieli lasciai esplorare a suo modo.

Ancora oggi, a 8 anni, talvolta mia figlia recupera, tra le scatole dei giochi dismessi, i vecchi libri-gioco e si diverte a mostrarli alle sue bambole o ai suoi pupazzi.

3 MESI

Al compimento dei fatidici 3 mesi qualcosa cambia. A volte è semplicemente il termine delle coliche gassose, che liberano finalmente il bambino dal dolore e gli adulti dalla frustrazione di non riuscire ad aiutarlo. A volte è solo la sicurezza acquisita dai genitori nel rispondere adeguatamente ai bisogni della propria creatura, nel manipolare con destrezza il suo corpo, nel distinguere i pianti e le loro cause. Allora ci si rilassa un po', complici anche le maggiori ore di sonno, e si riesce finalmente a dedicare più tempo all'osservazione del piccolo.

Iniziano le prime risposte consapevoli agli stimoli esterni e diventa evidente come l'intelligenza e la conoscenza del bambino stiano letteralmente crescendo in maniera esponenziale. È il momento di provare a introdurre alcuni elementi del gioco nel percorso di comunicazione emotiva già avviato. Tutti i cuccioli imparano giocando e il cucciolo d'uomo non fa eccezione.

Essendo stata particolarmente fortunata sul fronte delle coliche e del sonno, ho potuto dedicarmi fin da subito alla sperimentazione di esperienze divertenti e stimolanti con mia figlia, che ci hanno aiutato a trovare anche il ritmo giusto per scandire le lunghe giornate casalinghe.

Non appena mi accorsi che la bimba rispondeva in maniera immediata e sorprendente alle mie proposte di gioco, mi sbizzarrii a provarne ogni giorno di nuove, attingendo con curiosità a tutti gli oggetti e ai materiali sicuri che la casa stessa mi offriva. Cercai di trasformare ogni momento della giornata in un'occasione di conoscenza, in un'autentica esperienza sensoriale, come il bagnetto, per esempio, i massaggi, le storie da raccontare. Avviai così un percorso che sarebbe poi proseguito ininterrotto nei mesi successivi. Vedere gli occhi di mia figlia spostarsi attenti nel tentativo di catturare un'immagine, e le sue mani in continuo movimento protese verso gli oggetti, mi rese consapevole del fatto che il mondo stava entrando prepotentemente nella sua vita, e nulla e nessuno avrebbero potuto arrestarlo. Capii che il mio compito, ora, era accompagnarlo verso di lei per fargliene dono.

Il palloncino di Titti descritto nella prima esperienza di questo capitolo resterà nella memoria della nostra famiglia come un evento di svolta epocale. Anche oggi, ogni volta che vedo un testone giallo fare capolino dal mazzo di palloncini legati alla zavorra di un venditore ambulante resisto a fatica alla tentazione di acquistarlo, magari per liberarlo subito dopo come ringraziamento tardivo al suo predecessore.

Palloncini volanti

Materiali necessari

Palloncini gonfiati a elio

3 mesi

Vista

Modalità

Un palloncino gonfiato a elio è sicuramente il gioco più effimero che esista sul mercato, poco più persistente solo delle bolle di sapone. I prezzi sono realmente spropositati in rapporto alla durata e all'effettivo uso, però vi suggerisco, se vi capita di trovarne a qualche fiera o mercatino, di concedervi la spesa, perché non ve ne pentirete.

Ricordo ancora lo stupore, la sorpresa e l'euforia provati da mia figlia a 3 mesi quando, durante una festa di Carnevale, le acquistai un palloncino a forma di Titti, il canarino nemico di Gatto Silvestro, allacciandole lo spago al polso della mano mentre stava seduta nel passeggino.

All'inizio tentò solo qualche colpo maldestro, ma poi, quando capì che strattonandolo con vigore riusciva a far salire, scendere, ondeggiare e scricchiolare il gigantesco (in confronto a lei) capoccione giallo metallizzato, iniziò a scuoterlo senza fermarsi più per parecchi minuti, accompagnando il tutto con gridolini e sgambettamenti.

Stupiti dalla reazione così energica al gioco, ritentammo due mesi dopo quando, in occasione di una fiera paesana, acquistammo tre palloncini, uno per mia figlia e due per le cuginette. In attesa di consegnarli, la sdraiammo sul lettone e glieli allacciammo ai polsi, rimanendo ovviamente sempre vicino a lei per evitare che lo spago si impigliasse agli arti o al collo. Fu un piacere osservarla. Sembrava un acrobatico burattinaio che dava vita a uno spettacolo unico e irripetibile. Sopraffatta dalla stanchezza e dall'emozione, si addormentò come un sasso dopo qualche minuto.

Perciò, se vi capita di trovare un palloncino a buon prezzo (magari pensando che in fondo costa come un pacchetto di sigarette o tante altre cose superflue), rinunciate voi a qualcosa e fatene dono al vostro piccolo.

Giochi da afferrare

Materiali necessari

Piccoli pupazzi in stoffa
Sonagli
Tazze di plastica con i manici
Foulard colorati

3 mesi

Vista, tatto

Modalità

Padroneggiare l'uso delle mani è una conquista difficile, lunga e del tutto personale. Il genitore può solo favorirla persistendo nel proporre al piccolo, a distanza opportuna, oggetti di facile presa, leggeri e colorati.

Anche in questo caso in commercio esiste un'infinita varietà di sonagli studiati per lo scopo; sicuramente ne riceverete molti in dono per la nascita del bambino, per cui potrebbe non essere neppure necessario acquistarli.

In alternativa, è possibile usare oggetti di casa purché possano essere impugnati con facilità, come le tazze di plastica con i manici, i cucchiaini che cadendo producono un suono argenteo, i calzini colorati.

Un foulard colorato e setoso, oltre che piacevole alla vista, può risultare sorprendente al tatto per il neonato e strappargli dei veri gridolini di festa.

Bagnetto in acqua

Materiali necessari

Vaschetta per il bagno
Spugne morbide
Asciugamano

3 mesi

Tatto

Modalità

Il bagnetto a contatto con l'acqua tiepida è un'esperienza piacevole per molti bambini, anche se non per tutti. L'intera superficie corporea viene coinvolta, le mani e i piedi si agitano immersi nel liquido che oppone resistenza al movimento, ma allo stesso tempo consente di galleggiare.

È un momento gradevole anche per i genitori, anche se spesso non rilassante per la paura di commettere un gesto maldestro. Per ridurre i rischi di scivolamento nella vaschetta, può essere utile rivestirla con una vecchia salvietta di spugna che ne aumenti l'attrito. Esistono in commercio anche dei supporti in plastica, tipo sdraia, su cui adagiare con maggiore sicurezza il neonato. Inutile negare che le prime volte è difficile coordinare i movimenti per sorreggere il piccolo e allo stesso tempo lavarlo. Per fortuna, crescendo man mano il corpo del bambino e aumentando la sua tonicità e capacita muscolare, l'impresa bagnetto diventa più agevole. È a questo punto che potete provare a giocare con vostro figlio immerso in acqua: accarezzategli la pelle con spugne morbide, strizzatele sopra la sua mano, improvvisate piccoli teatrini con paperette o animali di plastica. Assicuratevi sempre che la temperatura dell'acqua e quella della stanza siano adeguate perché il corpo bagnato, a seguito dell'evaporazione, si raffredda molto velocemente.

Un mio personale suggerimento per agevolare l'operazione di asciugatura è fabbricarvi uno o più grembiuli in spugna (semplicemente dotando una salvietta di una fettuccia per il collo e di due fettucce da legare in vita, proprio come un grembiule da cucina) che indosserete prima del bagnetto. Potrete così avvolgere e asciugare il bambino uscito dall'acqua appoggiandovelo subito e direttamente sul petto. Provate: è praticissimo, anche per i lavaggi veloci al lavandino dopo il cambio del pannolino, e vi garantisco che incontrerà anche l'entusiasmo dei papà.

Attenzione

Data la presenza dell'acqua, queste attività vanno praticate con cautela e senza mai abbandonare la postazione a fianco del bimbo. Verificate sempre la temperatura dell'acqua prima di immergervi il bambino e tenete costantemente asciutto il pavimento per evitare di scivolare.

4 MESI

A 4 mesi probabilmente la carrozzina sarà stata definitivamente sostituita con il passeggino: una nuova conquista per il bambino, che inizia a vedere il mondo che lo circonda da una posizione privilegiata. La passeggiata diventa perciò divertente e attesa a prescindere dalla meta, anche se poi spesso, complice il rollio ammortizzato del mezzo, il piccolo si addormenterà lungo il percorso.

Nel caso di mia figlia, il compimento dei 4 mesi ha coinciso anche con l'arrivo della primavera, dei primi tepori, della maggiore durata della luce, e ha incrementato il mio naturale desiderio di uscire di casa e incontrare persone, rimasto sopito e insoddisfatto nei primi 3 mesi di maternità.

Se immediatamente dopo la nascita mi era intollerabile affidare la piccola alle braccia di qualcun altro all'infuori di me stessa, passati i primi mesi, e attenuandosi, come è giusto che sia, l'ubriacatura emotiva e ormonale del parto, iniziai a praticare alcuni brevi momenti di distacco fisico dalla bambina, affidandola alle cure dei nonni, grazie ai quali rigeneravo psiche e schiena. Iniziai pian piano a desiderare di fare con mia figlia delle cose e delle attività che non fossero solo incentrate su di lei, ma potessero essere divertenti e piacevoli anche per me.

Iniziai a frequentare i parchi giochi pubblici nella speranza di incontrare alcune delle mamme con cui avevo condiviso il corso preparto, e soddisfare così la mia curiosità circa la loro sorte. (Rimpiansi di non aver fatto incetta dei loro numeri di cellulare quando ancora ne avevo la possibilità).

Mia figlia apprezzò subito le nostre spedizioni ai giardinetti rigurgitanti di vita, rumori, colori e voci squillanti di bambini mentre; per me, le ore trascorse seduta sulla solita scomoda panchina di legno furono piacevoli perché serene e interrotte dai sorrisi e dai complimenti, camuffati da domande educate, di molti nonni intenti a sorvegliare i vivaci nipotini.

Esplorai con impegno tutti i parchi giochi cittadini alla ricerca di quello più adatto a noi. Alcuni erano poco frequentati, altri invasi dalle zanzare; il migliore risultò un parco periferico, immerso nella fresca ombra degli alberi secolari, con giochi vecchi ma numerosi, e tanti bambini dalle età più svariate. Arrivavo lì con il fiato corto, ma con la speranza che la nostra altalena preferita fosse libera: era gialla, piccola ma avvolgente, e mia figlia ci si dondolava sicura e con il sorriso. Ora a vederla mi sembra minuscola anche per una bambola, ma si sa, l'occhio del genitore si adatta naturalmente alla impercettibile crescita del bambino.

Al sabato, potendo contare sull'aiuto del coniuge, iniziai l'avventurosa esperienza del corso di acquaticità per neonati. L'agilità e la naturalezza con cui la piccola affrontò subito quell'elemento liquido mi riempirono di orgoglio e felicità, dimentica del fatto che, contando il periodo nel pancione, lei aveva passato complessivamente più mesi in acqua che sulla terraferma.

Visite al parco giochi

Materiali necessari

Giochi di un parco pubblico

4 mesi

Tutti

Modalità

Nella speranza che la vostra città possegga un parco giochi decoroso, con strutture ludiche in buone condizioni e non decrepite o vandalizzate, vi invito a frequentarlo.

L'ideale sono i giardinetti con aree distinte destinate alle differenti fasce di età (0-3 anni, maggiori di 3 anni). In quelle per i più piccoli sono spesso presenti altalene con i seggiolini di sicurezza in cui il neonato, che ha già acquisito una discreta capacità di reggersi autonomamente con la schiena, può stare seduto ed essere dondolato dall'adulto, che provvede contemporaneamente a muoverlo e a sorreggerlo. Sul suo volto si alterneranno emozioni di stupore, paura, divertimento. Sta a voi calibrare il gioco perché per lui sia solo piacevole.

Le spedizioni al parco giochi nei giorni festivi vedono spesso protagonisti i papà, che almeno si ritrovano con una meta definita al termine della solita noiosa passeggiata con il passeggino.

Coloro che hanno la fortuna di possedere un giardino e la possibilità di attrezzarlo con dondolini o altalene, sappiano comunque che il parco giochi pubblico è anche fonte di stimoli aggiuntivi prodotti dalla presenza di tanti altri bambini che corrono, giocano, urlano attorno al nostro piccolo, stimoli ormai così rari per i nostri numerosi figli unici.

Giochi in acqua (corso di acquaticità)

Materiali necessari

Corso di acquaticità
Pannolino per piscina
Cuffia per piscina

4 mesi

Tutti

Modalità

In molte città le piscine pubbliche o private organizzano degli stimolanti corsi di acquaticità per bambini a partire dai 4 mesi. Abbiate fiducia negli istruttori e godetevi l'esperienza insieme a vostro figlio. Scegliete, se riuscite, un orario del corso a lui congeniale per evitare che fame e sonno possano irritarlo al punto da non farglielo apprezzare.

Appresa la tecnica, potete anche ripeterla in orari extra corso e poco affollati, con il coniuge: usciti dalla vasca infatti, il papà può aiutare a cambiare il piccolo, mentre la mamma si asciuga e si riveste.

In ogni caso, è piacevole incontrarsi con altri genitori in una situazione di relax e divertimento giocoso.

In Rete si possono trovare molti siti e riferimenti di pubblicazioni che parlano dell'approccio precoce tra acqua e neonato: basta digitare in un motore di ricerca «corsi di acquaticità». Il mio suggerimento resta comunque di informarvi direttamente presso quei genitori che li abbiano già frequentati.

Giochi con le luci

Materiali necessari

Torcia
Carta
Forbici
Giocattolo che ruota e proietta luci

4 mesi

Vista

Modalità

Senza nulla togliere ai bellissimi giocattoli in commercio che proiettano, ruotando, luci colorate o immagini sulle pareti della stanza, accompagnandole con suoni delicati, ritengo che qualche attività analoga possa essere realizzata artigianalmente con una buona torcia e della carta.

L'esperienza più immediata è proprio l'accensione e lo spegnimento intermittente della torcia, che andrebbe puntata su pareti o superfici vicine al bambino, perché probabilmente il soffitto è ancora troppo lontano dal suo raggio visivo. Si prosegue spostando la luce e facendola dondolare o roteare anche velocemente. Il piccolo seguirà con curiosità i movimenti della magica presenza. Mia figlia aveva preso l'abitudine di afferrarmi la mano e cercare di spingermela.

Più avanti, se il bambino mostra sempre interesse per questo gioco, potete ritagliare dei semplici *stencil* di la carta a forma di sagome facili (pesce, palla, sole, luna ecc.) e illuminarli con la torcia, pronunciando ogni volta il nome dell'oggetto rappresentato. Quando il bambino sarà più grande, vorrà fare lui stesso questo gioco.

Attenzione

Durante l'attività bisogna prestare attenzione a non colpire mai gli occhi del neonato con il fascio di luce diretto.

Ti do fastidio per gioco

Materiali necessari

Nessuno

4 mesi

Vista, tatto

Modalità

Attirate l'attenzione del piccolo disturbandolo in un momento in cui ovviamente è tranquillo e riposato. Soffiategli nell'orecchio con delicatezza; fategli il solletico sul corpo, sulle mani e sui piedi, magari aiutandovi con un piumino per la polvere di quelli usa e getta pulito; lanciategli un palloncino di gomma e fateglielo rimbalzare sul corpo e sulla testa, per poi avvicinare il vostro viso alle sue mani e metterlo a sua disposizione. Provate a fare qualche piccola pernacchia: vi sorriderà divertito e forse tenterà di ripetere il suono.

Si tratta di piccoli giochi, semplici da praticare in ogni momento e situazione, che vi consentiranno di trascorrere più facilmente qualche breve momento di attesa, come durante i viaggi in auto o nella sala di aspetto del medico.

5-6 MESI

Sicuramente in questi mesi molti genitori si ritroveranno fortemente impegnati nella delicata fase dello svezzamento che, spezzando le routine quotidiane consolidate, potrebbe distrarli al punto da mettere in ombra altre nuove esigenze del bambino. Qualcuno di loro già a 6 mesi conquista la postura seduta, da cui inizia il suo «dominio verticale»: comincia a desiderare di interagire fisicamente con le cose che lo circondano e non gli basta più solo osservarle nelle mani degli altri. Gli arti si muovono avidamente per toccare, afferrare gli oggetti e scuoterli vedendo che effetto fa.

Il bimbo diventa finalmente un soggetto attivo che guida la sua personale esplorazione e manifesta le prime preferenze per gli oggetti di casa e i giocattoli.

Durante la fase dello svezzamento di mia figlia, abbandonate gradualmente le abitudini legate all'allattamento, si ricreò una nuova routine che vedeva come centro di ogni interesse il vassoio del seggiolone, su cui campeggiavano piattini di plastica, cucchiaini morbidi e giochi robusti capaci di resistere all'urto con il pavimento. Sebbene l'abbandono del biberon non sia stato per nulla una passeggiata, alla fine anche quello della pappa divenne un momento piacevole di condivisione, fatto di nutrimento e di parole.

Ricordo con un brivido il giorno della sua prima pappa: credevo di aver organizzato tutto, invece fu una Waterloo. Avevo ingenuamente pensato che il nuovo cibo sarebbe stato subito accettato e che il fastidio del cucchiaino fosse già superato, complice l'omogeneizzato alla frutta somministrato fin dal mese prima. Invece, la pappa finì in ogni angolo della cucina tranne che nello stomaco di mia figlia, e non trovai altro modo per far cessare il suo pianto disperato che preparare di corsa un biberon dandomi della stupida per non averne tenuto subito uno pronto.

Ma, come si dice, sbagliando si impara.

Giochi da afferrare

Materiali necessari

Sonagli
Pupazzi morbidi piccoli
Gonfiabili da spiaggia

5-6 mesi

Tutti

Modalità

Questa attività era già stata descritta nel capitolo sui 3 mesi e si presuppone che sia proseguita spontaneamente, affinandosi progressivamente in quelli successivi. Ora le capacità motorie del bambino si saranno sicuramente evolute, e dovrebbe essere perciò in grado di afferrare con maggiore precisione e fermezza i giochi e di trattenerli saldamente, anche con l'uso delle mani, per scuoterli o batterli energicamente producendo movimento e rumori.

I 5 mesi sono inoltre l'età dello svezzamento, in cui al bambino viene proposto per la prima volta il cibo solido, da somministrare con il cucchiaino. Sicuramente vi sarete già ritrovati nella situazione di dover dare a vostro figlio un secondo cucchiaino da tenere in mano, per evitare che afferri al volo il vostro, pieno di pappa calda.

Le attività di manipolazione pertanto non si differenziano molto da quelle già descritte in precedenza, se non per l'opportunità che avrete di apprezzare i progressi raggiunti dal bimbo in questi mesi.

Per iniziare a stimolarlo a sollevarsi sulle braccia, potrebbe essere utile stenderlo prono su una superficie, preferibilmente rigida, ma allo stesso tempo morbida (per esempio, tavolo con imbottitura del fasciatolo, pavimento con tappetone), disponendo di fronte a lui i sonagli o i giochi preferiti. Si sconsiglia il materasso del letto: spesso è troppo soffice e il piccolo potrebbe faticare a sollevarsi perché affonda.

Stategli sempre vicino per soccorrerlo nel caso abbandoni troppo repentinamente la testa verso il basso.

A questo punto è possibile proporgli giochi di dimensioni anche maggiori di quelli destinati al semplice afferrare e scuotere. Mia figlia impazzì letteralmente alla vista e al tocco di un grosso delfino in gomma gonfiabile da spiaggia. Tentava di afferrarlo per le pinne e lo faceva dondolare a colpi di mani e piedi.

Attenzione

Una particolare attenzione va posta da parte dell'adulto nel sorvegliare questi giochi vigorosi per evitare che parti o materiali pericolosi finiscano dalle mani alla bocca del bambino.

Giostra

Materiali necessari

Giostra tradizionale

5-6 mesi

Tutti

Modalità

Se la vostra città ospita una giostra per bambini, o avete la fortuna di trovarvi in una località di vacanza, vi suggerisco di far provare a vostro figlio l'ebbrezza di questa attrazione.

Scegliete un vagoncino che vi consenta di stare seduti comodi con il bambino saldamente in braccio. Vi sconsiglio i cavalli o altri animali da montare, in cui il piccolo andrebbe appoggiato e tenuto, perché potrebbe muoversi in maniera scomposta e sfuggirvi.

Un'alternativa economica alla giostra è la sedia a rotelle da ufficio che piroetta. Sedetevi con il piccolo in braccio e spingendovi con le gambe, o facendovi girare da un altro adulto, provate l'ebbrezza della forza centrifuga. Valgono anche in questo caso le raccomandazioni di cui sopra. Non insistete se il bambino mostra paura o fastidio, ma riproponetegli il gioco quando sarà più grande.

Attenzione

Non tutti i bimbi di questa età apprezzano le giostre; alcuni si spaventano per l'eccesso di suoni e luci o per il movimento stesso. Provate, ma non insistete se vostro figlio piange o si agita. Sarà per lui sicuramente un'esperienza forte, da evitare perciò nelle ore serali prossime alla nanna.

Giochi da seduti

Materiali necessari

Pupazzi
Piumini per la polvere usa e getta
Gomitoli di lana
Macchinine dalle ruote grandi

5-6 mesi

Tutti

Modalità

La postura seduta consente di praticare un'infinità di attività e giochi. Quasi tutti i giocattoli in commercio vengono utilizzati dal bambino in questa posizione, sia a terra che sul seggiolone. Da seduto, il piccolo può muovere le mani, afferrare, picchiare i pugni o martellare; può portare alla bocca gli oggetti e lanciarli.

Spesso in questi giochi il bimbo si impegna da solo, senza la partecipazione dell'adulto. Il genitore potrebbe invece intervenire, quando l'attenzione cala, per proporre qualche distrazione: avvicinarsi di soppiatto con un pupazzo o una macchinina facendoli strisciare su mani e corpo del bambino; solleticarlo con un piumino per la polvere usa e getta pulito o con un gomitolo di lana; muovere una bambola o un pupazzo come se fossero animati... Non ponete limiti alla fantasia. Forse così il bambino, divertendosi, non reclamerà subito il vostro abbraccio consolatorio, e la vostra schiena ve ne sarà grata.

Provare sapori e profumi

Materiali necessari

Cibo (o bevande) profumati, da assaggiare in piccole quantità

5-6 mesi

Gusto, olfatto

Modalità

Rispettando il programma di svezzamento concordato con il pediatra di riferimento, si può comunque giocare a far assaggiare al bimbo cibi nuovi. Un cucchiaino di miele o con una punta di zucchero di fruttosio; un mandarino privato della pellicina; una fetta di ananas; un ghiacciolo; un dattero senza nocciolo e tenuto saldamente dalle dita del genitore: sono solo alcuni dei suggerimenti proposti. Ovviamente i gusti dolci cattureranno le preferenze di vostro figlio, mentre quelli più aspri gli faranno assumere divertenti espressioni di disappunto.

I sapori da provare sono tanti, come pure i profumi della cucina: i funghi, il basilico, il rosmarino, la menta, le foglioline verdi dei pomodori, la buccia grattugiata del limone ecc.

Queste esperienze aiuteranno il piccolo a mettere alla prova i sensi del gusto e dell'olfatto, non certamente a saziarlo, compito della pappa a pranzo o a cena.

Attenzione

Il genitore deve porre particolare attenzione nell'offrire le porzioni di cibo al bambino perché, se di ridotte dimensioni e scivolose, data la sua tendenza a succhiare, possono essere repentinamente risucchiate appunto nella bocca e indirizzarsi verso la trachea anziché l'esofago. Essendo ancora nell'età delle pappe, il bimbo difficilmente saprà gestire un boccone solido. Vi raccomando di tenere ben salda nelle mani la porzione di cibo offerto, gettandola qualora diventasse di dimensione troppo ridotta.

Bolle di sapone

Materiali necessari

Bolle di sapone

5-6 mesi

Vista, tatto

Modalità

Se il bambino resta seduto agevolmente a terra, o magari con l'aiuto di un seggiolone, si può provare a soffiargli vicino qualche bolla di sapone. Per evitare che pianga alla vista del loro scoppio, fategli osservare prima che è divertente farle scoppiare con la mano, e che se ne possono produrre di continuo. Soffiatene qualcuna sul vassoio del seggiolone, così forse il piccolo riuscirà a colpire da solo e far esplodere la cupola. Sarà per lui una vera conquista.

Questo gioco continuerà a piacergli anche dopo, soprattutto al parco giochi, dove potrà essere utilizzato come piacevole pretesto affinché i bambini leghino tra loro.

Un suggerimento: tenete sempre in borsa, ben avvitato e avvolto in un sacchetto, un barattolo di bolle di sapone.

Attenzione

Trattandosi di acqua saponata, evitate il contatto delle bolle con gli occhi e la bocca del bimbo. State attenti anche allo stato di pulizia delle sue mani, se ha l'abitudine di portarle alla bocca.

7-9 MESI

Tra i 7 e i 9 mesi il bambino acquisisce una sempre maggiore padronanza dell'uso delle mani, che diventano uno strumento fondamentale per scoprire le cose. La capacità di mia figlia di muoversi con tenacia nella stanza rotolando, gattonando, trascinandosi, unita alla manipolazione sempre più fine, mi fece ricordare in quei giorni la memorabile sequenza iniziale del film *2001-Odissea nello spazio*, quando brilla per la prima volta, nel cervello del primate antropomorfo, la scintilla dell'intelligenza mentre afferra un osso per colpire.

Questa fase potrebbe sembrare meno delicata delle altre e apparentemente più semplice, perché lo svezzamento si è compiuto ma ancora il piccolo non ha conquistato la posizione eretta stabile, che costringerà successivamente il genitore a faticose rincorse e maratone; ciò nonostante, l'impegno dell'adulto potrà essere utilmente speso in attività di stimolo e rinforzo, preparatorie alla successiva fase del camminare, ma anche gratificanti per il piccolo perché condivise con mamma o papà.

Per me questi mesi hanno coinciso con la stagione estiva, consentendoci passeggiate all'aria aperta, soggiorni al mare e in campagna. Abbiamo provato a sederci su prati e sabbia, a toccare l'acqua e soprattutto a fare le vacanze, per la prima volta, come una famiglia. Ancora oggi non mi spiego come la nostra automobile abbia potuto trasportare tutti quei bagagli, compresi lettino, passeggino, vestiti e pannolini, alla volta di un grazioso agriturismo di La Spezia con vista panoramica e piscina annessa.

Le attività proposte in questa sezione devono essere svolte sotto la sorveglianza ininterrotta del genitore per evitare ingestioni scorrette. Scegliete oggetti puliti e sicuri che possono essere esplorati dal bambino anche con la bocca, per evitargli la continua frustrazione di vederseli strappare di mano dall'adulto.

Manipolazione della gelatina

Materiali necessari

Acqua
Colla di pesce (o agar-agar)
Tovaglia di plastica
Vecchi giornali

7-9 mesi

Tatto

Modalità

La stanza ideale per questa attività, sia nella fase di preparazione che di svolgimento, è la cucina, la più facile da ripulire.

Con la colla di pesce (o agar-agar) fate un budino solido di sola gelatina seguendo le indicazioni della confezione, colorandolo magari con i coloranti alimentari o del succo di mirtillo. Utilizzate preferibilmente contenitori in plastica infrangibili.

Lasciate raffreddare e solidificare la miscela fuori dal frigorifero, oppure tiratela fuori qualche ora prima del gioco, affinché non sia troppo fredda.

Poi avvicinate il budino al piccolo e lasciategli infilare le mani in questa meraviglia viscida e bagnata (altro che *Skifidol*!). Non ve ne pentirete.

La cucina e il seggiolone non vi ringrazieranno di certo, ma la gioia stupita di vostro figlio vi ripagherà del tempo perso a ripulire.

Occorre sottolineare che non a tutti i bambini piace avere le mani sporche e bagnate, per cui non vale la pena insistere se non apprezzano il gioco: soprassedete e riproponeteglielo più avanti.

Attenzione

Le attività proposte in questo capitolo devono essere svolte sotto la continua sorveglianza del genitore per evitare ingestioni scorrete. Attenzione anche a eventuali allergie per i coloranti alimentari.

In alternativa alla colla di pesce, potete usare l'agar-agar, un prodotto di origine vegetale che si presta altrettanto bene all'uso, basterà seguire le indicazioni sulla confezione.

Scegliere dai contenitori (giocando con le parole)

Materiali necessari

Catini e ciotole in plastica
Giochi vari
Foulard
Borse della spesa di stoffa

7-9 mesi

Tutti

Modalità

I soliti giocattoli e gli oggetti abituali della casa stimolano un nuovo interesse nel bambino se vengono proposti in modi insoliti. Raggruppateli alla rinfusa in una borsa di stoffa della spesa oppure in un contenitore di plastica o in una scatola di cartone, magari nascosti in un primo momento da un foulard. L'attenzione del bimbo verrà catturata dalle attività dell'afferrare, del riconoscere, del riporre per poi passare a pescare un altro oggetto. Se gli oggetti si differenziano significativamente tra di loro per forma, colore e soprattutto consistenza al tatto, il gioco sarà sicuramente ancora più divertente.

Il genitore può anche ripetere al bambino il nome, la funzione e il luogo della casa dove normalmente sono custoditi. Con il passare dei mesi questa attività può essere riproposta, se il piccolo mostra interesse, tramutandola in un vero gioco con le parole: pronunciate lentamente il nome dell'oggetto pescato, provate a farglielo ripetere, nascondetelo dietro la schiena e fatelo ricomparire, ripetendone sempre il nome lentamente.

Grotta sotto le lenzuola

Materiali necessari

Letto
Coperte e lenzuola
Torcia

7-9 mesi

Vista, tatto

Modalità

Provate a costruire una grotta sul letto, tenendo sollevate le coperte con parecchi cuscini per essere sicuri di arieggiarla bene. Accoccolatevi con vostro figlio nella grotta in compagnia di qualche piccolo pupazzo e di una torcia accesa, improvvisandovi narratori di brevi storie o semplicemente accarezzandolo.

Se già gattona, probabilmente cercherà di esplorare tutta la superficie del materasso o comunque si divertirà a rotolare e a cambiare posizione da prono a supino. Saranno momenti piacevolmente sereni per entrambi.

Attenzione

Siate comunque sempre attenti e pronti a intervenire: qualora dovesse avvicinarsi troppo ai bordi, rischia di cadere dal letto.

Gattonare e alzarsi in piedi

Materiali necessari

Spazi sgombri
Appigli sicuri
Sedie comode

7-9 mesi

Tutti

Modalità

Dopo aver acquisito la capacità di spostarsi nello spazio in autonomia, il bambino inizia a esplorare il mondo, che diventa una delle sue attività principali per un discreto periodo.

Quando una cosa gli interessa, lui sa come raggiungerla, poco importa se su due gambe e due mani, trascinando il sedere tipo scimmia o scivolando sulla schiena come un granchio. L'importante per lui è muoversi. In questa fase della crescita quasi tutte le altre attività diventano secondarie.

Suggerisco perciò di assecondarlo il più possibile, offrendogli magari superfici adatte su cui sgambettare: una vecchia trapunta matrimoniale stesa a terra, un prato verde su cui può anche strappare l'erba da seduto, una spiaggia (che fortuna!). Tenetelo d'occhio a distanza adeguata per poter intervenire tempestivamente, se si dirige verso zone inadatte o pericolose.

In questa fase diventano facilmente raggiungibili i cavi elettrici, le prese di corrente, lo sportello del forno, le scale, i lettori DVD ecc. Fate molta attenzione alle multiprese che, se dotate di interruttore luminoso, esercitano un fascino speciale sui bambini. Ecco il momento di revisionare la casa per porre riparo ai principali pericoli insidiosi.

Se il piccolo gattona con sicurezza e velocità, provate a costruirgli dei percorsi articolati, per esempio ampi tunnel fatti con sedie coperte da lenzuola, ostacoli da scavalcare costituiti da cuscini, i suoi pupazzi preferiti disseminati lungo la strada. Anche la vostra voce e il vostro sorriso, pronto ad accoglierlo, possono essere per lui l'ambita meta.

Spesso, poco dopo aver acquisito sicurezza nel gattonare, il bimbo inizia i primi esperimenti per la conquista della posizione eretta. Di solito il primo appiglio sicuro su cui si cimenta sono le sbarre del lettino, ma potrebbe anche non disdegnare maniglie di armadietti, bordo della vasca da bagno e simili.

Aiutatelo soprattutto offrendogli supporti sicuri, piuttosto che sollevandolo con le vostre mani. Lasciatelo fare il più possibile conoscenza con il proprio corpo, senza interferire. Tenete a portata di mano una buona pomata all'arnica, perché alcune contusioni saranno comunque inevitabili.

Vedere vostro figlio reggersi sulle proprie gambe, ancorché ancorato a qualche cosa, è una grande emozione per un genitore, una personale conquista dell'Everest.

Attenzione

In particolare alle sedie, perché potrebbe ribaltarsele addosso trascinate dal suo stesso peso.

Gite in bicicletta

Materiali necessari

Bicicletta con seggiolino di sicurezza
Casco da bici
Cappellino

7-9 mesi

Tutti

Modalità

L'invito è rivolto a tutti quei genitori che utilizzano abitualmente il velocipede per sport o come mezzo di trasporto. Non escludo a priori anche gli altri, ma li invito a recuperare da soli dimestichezza con la bicicletta, prima di avventurarsi per strada con il proprio figlio nel seggiolino.

Scegliete accuratamente i percorsi e gli orari in modo che siano poco trafficati, e prediligete le piste ciclabili o le strade dei parchi per evitare pericoli e inquinamento. Non state facendo sport; state portando il piccolo a passeggiare.

Applicate al veicolo un seggiolino a norma e adatto alla fascia di età del bambino, e proteggetelo con un casco. Aggiungete qualche pupazzetto che lo possa distrarre durante il percorso, continuate a parlargli per fargli sentire la vostra presenza, e buon viaggio.

10-12 MESI

In questa fase i bambini cambiano vistosamente anche nell'aspetto: i capelli crescono a ingentilire i loro visi curiosi, il corpo in crescita appare più proporzionato di quello del neonato, i gesti diventano sicuri e volitivi.

Non tutti i bambini camminano al compimento dell'anno, alcuni sono precoci, altri ritardatari. La conquista delle posizione eretta costituisce forse il primo e più intenso motivo di orgoglio di un genitore, se il figlio è precoce, o di frustrazione se il figlio è ritardatario. A volte noi adulti, troppo intenti a gestire le emozioni di disappunto scaturite dai commenti di amici o parenti, ci dimentichiamo di verificare se nostro figlio, che ancora non cammina, sia felice o triste per il fatto di non muoversi come papà e mamma: probabilmente ci accorgeremmo che per lui non è fonte di sofferenza. Per il momento è interessato ad altro. Non ci ha rinunciato, lo ha solo rimandato. Quando questo traguardo ambito verrà raggiunto, inizierà per il piccolo la conquista personale dello spazio con tutto il suo contenuto.

Mia figlia per acquisire la postura eretta sfruttò la tecnica dell'arrampicata dei cassetti, utilizzando come appiglio le loro maniglie. Aggrappandosi alla mobilia riusciva a esplorare in autonomia intere stanze prediligendo posti per noi irraggiungibili, dove si rifugiava soddisfatta e da cui ci sbeffeggiava regalandoci sorrisi furbetti. In soli due mesi camminava con una padronanza perfetta e divenne come noi, solo più piccola e spericolata.

Osservando mia figlia il giorno del suo primo compleanno correre per tutta la casa a proprio piacimento mentre lottava tenacemente con l'elegante, ma poco pratico, vestitino di velluto blu, formulai, per la prima volta e con consapevolezza, il pensiero che lei fosse un individuo distinto da me e non più una parte di me, anche se, è inutile dirlo, i figli sono e restano sempre *piezz'e core*.

Leggere libri

Materiali necessari

Libri di favole
Libri per bambini

10-12 mesi

Vista, udito

Modalità

Dando per scontato quanto già scritto nell'attività *Chiacchierare* (*vedi* a pp. 25-26), qui intendo sottolineare l'importanza e l'insostituibilità della lettura di fiabe e storie per bambini nel processo di crescita del neonato, in quanto essa si pone sia come momento di intimo contatto del genitore con il piccolo, che come efficace veicolo di conoscenza, anche emozionale, per il bambino.

Spesso i nonni non più giovani, che trovano difficoltà a giocare con il loro nipotino, si cimentano con successo nel racconto improvvisato o nella lettura delle storie. Si tratta di attività non impegnative fisicamente e sicuramente gratificanti, per cui vi suggerisco sempre di dotare i nonni, o gli altri adulti preposti all'accudimento del neonato in vostra assenza, di buone antologie di storie.

I bambini piccoli amano i racconti semplici con personaggi altrettanto semplici e per loro facilmente identificabili: cagnolini, gattini, uccellini, impegnati in avventure anche banali come il cibo, il gioco, la nanna, ossia tutte cose ed esperienze che il bimbo conosce.

La lettura quotidiana di una fiaba, in momenti precisi della giornata, si rivelerà successivamente un utile presupposto per l'instaurarsi di quei riti di cui il bambino ha estremo bisogno per poter cadenzare le tappe quotidiane e sopportare le separazioni. Salutarsi ogni sera prima della nanna con una storia, una carezza, un bacio è sicuramente molto rassicurante per il piccolo e forse vi eviterà invasioni nel lettone o estenuanti passeggiate a cullare il bimbo in braccio.

Burattini

Materiali necessari

Burattini a guanto
Vecchi calzini colorati
Bottoni
Stoffa
Lana

10-12 mesi

Tutti

Modalità

Il burattino a guanto è il veicolo ideale innanzitutto per raccontare al bambino, per interposta persona, brevi storie, ma anche per instaurare insolite conversazioni. Vedere e ascoltare un pupazzo che si muove e si rivolge direttamente a lui cattura l'attenzione del bimbo più di mille sofisticati giocattoli interattivi. Potete anche, per semplicità, limitarvi a leggere una storia muovendo il burattino e facendogliela commentare.

Non è necessario utilizzare quelli in commercio, potete facilmente fabbricarveli voi con vecchi calzini colorati a cui avrete applicato dei bottoni per gli occhi, della lana per i capelli e qualsiasi brandello di stoffa avanzata per i vestiti. A questa età, il burattino non deve rappresentare un personaggio preciso, ma deve essere soprattutto buffo nell'aspetto e magari nel nome.

Se pensate che possa essere utile, potete acquistare un pupazzo di poco prezzo e adeguato nella forma; scucitelo e rimuovete parte dell'imbottitura per lasciare passare la mano. Non fatelo mai con uno dei suoi pupazzi! Compratene uno appositamente per questa attività.

Quando il bambino sarà cresciuto inizierà lui stesso a utilizzare i burattini per brevi recite, sconclusionate nella trama, ma divertentissime da ascoltare.

Inseguire il filo (il micio insegna)

Materiali necessari

Spago
Lana
Bindella

10-12 mesi

Vista

Modalità

Attaccate al capo di un filo, che possa essere facilmente arrotolato a gomitolo, un piccolo oggetto leggero, come un fiocco colorato.

Distribuite il filo per la stanza girando attorno ai mobili in modo da lasciare lo spago il più possibile allentato. Ponete il bambino vicino al capo con il fiocco e iniziate a riavvolgere lentamente il gomitolo. Il fiocco si muoverà per tutta la casa, ritracciando il percorso tra i mobili. Invitate il bambino a inseguirlo (il micio insegna). Calibrate la velocità di riavvolgimento sulla capacità del piccolo di muoversi nello spazio domestico.

Personalmente per questo gioco ho sempre utilizzato una bindella a nastro flessibile (il metro da cantiere riavvolgibile), perché la manovella di cui è dotata agevola nettamente la fase di riavvolgimento. Quando la bambina è cresciuta ha iniziato a disporre lei il nastro per la casa e a riavvolgerlo; a me toccava l'inseguimento. Ancora oggi, a 8 anni, talvolta, nelle lunghe domeniche invernali, la buona e vecchia bindella di casa viene riscoperta e riutilizzata con energia e successo.

Giochi di disegno

Materiali necessari

Fogli di carta bianca formato A4 e A3, anche di riciclo
Colori per dita
Pastelli a cera

10-12 mesi

Vista, tatto

Modalità

Il disegno e l'uso del colore accompagneranno vostro figlio in tutto il suo personale processo di crescita. Essendo fermamente convinta che le attività di disegno siano tra le più libere e creative per la mente del bambino, paragonabili forse solo ai giochi all'aria aperta, ho iniziato ad avvicinare mia figlia al foglio di carta fin dai 10 mesi.

Suggerisco di utilizzare i fogli da stampa o fotocopia dell'ufficio destinati ai rifiuti. A questa età non vale la pena acquistare costosi album da disegno, è meglio puntare sulla quantità, seguendo queste tecniche:

- Disegnare con i pastelli a cera: a differenza dei pennarelli che sporcano molto mani e vestiti e i pastelli che sono troppo duri, i pastelli a cera permettono di ottenere qualche scarabocchio dignitoso. Acquistate i formati più grossi e robusti; quelli tradizionali si spezzano facilmente.
- Disegnare con i colori a dita: si tratta di tempere atossiche e morbidissime contenute in comodi vasetti in cui il bambino tuffa le mani. Si imprime sul foglio ogni sorta di impronte che si possono completare poi con i pennarelli, tanto da creare personaggi buffi (farfalle, polipi, uccelli). Il piccolo adora vedere le palme delle proprie mani colorate. Il problema principale delle tempere a dita è che si esauriscono velocemente e non sono sempre economiche.

Il tavolo da disegno va protetto con tovaglie di plastica o giornali. Consiglio sempre l'uso di un grembiulino o di una maglia o una felpa a perdere per queste attività, perché a volte i colori non sono perfettamente lavabili. Il timore di rovinare un capo di abbigliamento non vi deve distogliere dal gioco. Pensate che tutti i vestiti, prima o poi, diventeranno piccoli e dunque inutilizzabili.

Giochi musicali

Materiali necessari

Tamburo giocattolo
(o barattolo di latta del caffè)
Maracas
CD di canzoni per bambini

10-12 mesi

Udito

Modalità

Lo scopo di questi giochi è produrre un suono (più spesso solo un rumore). A certi bambini piace, ad altri meno, a esclusione del tamburo che piace sempre perché si colpisce con forza. Avendo io una congenita difficoltà a comprendere la musica (è un mio grossissimo limite, lo confesso), ho praticato, con rammarico, solo poche attività che la utilizzassero. Penso però che possa essere molto utile e stimolante per la crescita del bambino.

Tenendo fede all'intendimento originario di raccontare solo le personali esperienze vissute con mia figlia, ecco un elenco delle rare attività musicali praticate:

- Suonare insieme: fate scegliere al bambino uno strumento giocattolo di facile impugnatura e poi fatelo suonare sulle note di una vera canzone per bambini. L'adulto suona con il piccolo uno strumento simile.
- Ballare abbracciati: utilizzando canzoni divertenti, ma tranquille, potete conciliare il sonno nel piccolo tenendolo in braccio o in un marsupio e ballando con lui.
- Ballare in piedi: afferrandolo saldamente per le due mani e appoggiandolo su una superficie alta e solida (per esempio, il letto o un divano ampio), potete ballare insieme senza dover piegare la schiena dolorosamente. Utilizzate canzoni ritmate e divertenti, non necessariamente per bambini. Mia figlia ha conosciuto così i successi dei Beatles, che ancora oggi ci accompagnano nei lunghi viaggi in auto verso le mete vacanziere.

Giochi con l'acqua (... che spasso!)

10-12 mesi

Tatto, vista

Materiali necessari

Acqua
Giocattoli di plastica lavabili senza batterie
Bacinelle
Bottigliette di plastica
Flaconi di shampoo vuoti e puliti
Tazze e bicchieri di plastica
Spugne di varie forme e colori
Vestiti di ricambio

Modalità

Questi giochi sono poco apprezzati dalle mamme, perché inevitabilmente il bambino si bagna, e anche un po' la casa.

Di solito all'inizio il bambino ascolta la raccomandazione del genitore di non bagnarsi le maniche dei vestiti, ma poi il piacere della scoperta e del gioco prevale e l'acqua schizza dappertutto. Rassegnatevi.

Sono giochi difficili da contenere, ma fanno divertire e concentrare parecchio il piccolo. Vi raccomando di non usare acqua troppo fredda, ma neppure bollente, e di controllare la temperatura se il gioco si protrae. È più sicuro svolgerlo sul tavolo della cucina che in bagno, per ridurre il rischio che si scivoli su pavimenti o sanitari bagnati, o in uno spazio aperto d'estate. Può risultare utile stendere sotto le bacinelle un grande telo da mare in spugna che assorba il grosso dell'acqua che si disperde e che vi agevolerà nelle operazioni finali di asciugatura.

Dando per scontato che spesso il momento del bagnetto già assolve alla funzione di gioco nell'acqua, è possibile proporre qualche altra attività con questo elemento, da praticare soprattutto nei mesi estivi e magari anche all'aperto. Il gioco principe che vede l'acqua come protagonista è bagnarsi le mani e agitarle nel liquido, insieme a oggetti galleggianti.

Solo ai bambini più grandi potrebbe essere proposto il gioco di lavare i propri giocattoli, magari sfregandoli con una spugna. Usate oggetti che non si rovinano nell'acqua, ossia privi di parti che si possano scolorire, scollare o dotati di batterie. Gli oggetti devono essere di una dimensione facilmente maneggevole per il piccolo, a cui comunque sfuggiranno di mano ripetutamente.

Mostrate al bambino come si riempiono le bottigliette di acqua minerale, o i flaconi di shampoo e bagnoschiuma vuoti che, se immersi in acqua, producono divertenti bolle. Fate vedere i getti e le cascate quando si svuotano.

Se il bambino mostra di volersi cimentare nel riempire una bottiglia, aiutatelo con la vostra mano a tenere sommerso il contenitore e a sollevarlo per svuotarlo.

Non buttate via i tappi: potrebbe essere un'occasione per mostrargli come si avvitano e farlo provare.

DA 1 A 2 ANNI

Compiuto il fondamentale giro di boa del primo anno solare, il vostro piccolo probabilmente avrà già conquistato, o sarà in prossimità di conquistare la postura eretta (non importa se da solo o aiutato dall'adulto o da altri appigli); forse avrà già pronunciato anche le sue prime parole (non è detto che la sua prima parola sia la tanto attesa «mamma»: per mia figlia è stata «pappa», seguita da «cacca»).

Molte delle esperienze sin qui proposte, adattate alle nuove capacità del bambino, possono continuare anche dopo il compimento dell'anno, se il piccolo mostra di gradirle, si diverte e vi divertono.

In questo capitolo ho ritenuto inutile raggruppare le attività per fasce di età mensili, poiché le capacità del bambino, nel suo secondo anno di vita, si affinano con modalità e ritmi molto differenti per ciascuno. Sarebbe estremamente limitante scandire le esperienze secondo un calendario prestabilito.

Mi limiterò a un unico suggerimento: non cessate mai di sperimentare e improvvisare, sempre insieme al vostro piccolo.

Mia figlia, a questa età, ormai veterana dell'asilo nido, diede prova di essere in grado di imparare sia in casa che fuori casa: parole nuove, canzoncine, le prime regole di comportamento, il riconoscimento di certi pericoli, la predilezione per certi giochi e il rifiuto di altri. L'uomo-pera del lettino venne dimenticato e la giraffa di pelo divenne il suo peluche preferito, non se ne abbiano avuto a male gli altri pupazzi.

Chiacchierare (facendo domande)

Materiali necessari

Nessuno

Da 1 a 2 anni

Udito, comprensione

Modalità

Se avete chiacchierato con il vostro piccolo sin dai primi mesi, vi sarà perfettamente naturale proseguire anche dopo l'anno di età. Ora potrà finalmente rispondervi, anzi spesso sarà lui a condurre la conversazione. Se, nei mesi precedenti, non avrete mancato di pronunciargli i nomi delle cose che lo circondano, degli animali illustrati sui libri, dei familiari e dei giocattoli, potrete cimentarvi in mille domande sul suo mondo e i suoi componenti.

Sfogliando un libro con figure di animali, chiedetegli di indicare dove sono il cane, il gatto e così via e di ripeterne il nome, non importa se il cane diventa «bau bau» e il gatto «miao miao».

Se un genitore è in un'altra stanza, domandategli dov'è, e andate con lui a verificare la risposta.

Se incontrate delle persone note, chiedetegli se le riconosce.

Fategli domande trabocchetto («È un cane?», indicando un gatto) e vedete se vi risponde di no.

Chiedetegli dove si trova, e forse vi risponderà «casa».

Mostrategli i colori e chiedetegli qual è il suo preferito.

Fategli una proposta (su cibo, gioco ecc.) e osservate se riesce a decidere tra due alternative (è molto difficile anche per un adulto scegliere tra due opzioni altrettanto attraenti, poiché ciò comporta sempre una rinuncia).

Quando mia figlia divenne più grande (verso i 3 anni) provammo più volte a metterla alla prova chiedendole di scegliere tra due giochi esposti in un grande magazzino, da acquistarle come regalo (di valore economico equivalente). Talvolta riuscì a decidere velocemente, altre volte venne sopraffatta dal conflitto, entrando in uno stato di ansia. In questo caso intervenimmo prontamente, cercando di illustrare pregi e difetti dei due giocattoli e aiutandola così a fare una scelta serena e consapevole.

Parlate lentamente e con chiarezza al vostro piccolo: lo aiuterete progressivamente ad apprendere le regole della parola e del linguaggio. Non attendetevi risultati immediati, solo perché incalzati dal confronto con parenti e amici. Ogni bambino, così come ha bisogno di tempi propri per imparare a camminare, ne ha altrettanto bisogno per imparare a parlare. Soprattutto è importante continuare a comunicare con lui.

Giochi in cui nascondersi

Materiali necessari

Luoghi in cui nascondersi
Tendoni
Divani
Ripostigli
Box doccia

Da 1 a 2 anni

Tutti

Modalità

Nel classico gioco del nascondino all'inizio è meglio che sia un genitore a nascondersi. C'è da mettere in conto una certa dose di ansia nel piccolo, perché vede sparire uno dei suoi riferimenti. In ogni caso, la ricerca dell'adulto nascosto deve essere condotta e guidata dall'altro genitore, che magari in una mano tiene quella del bimbo, nell'altra una torcia puntata (tanto per fare scena, non perché si cammini realmente al buio). Non rimanete nascosti troppo a lungo, per non fare andare in panico il bambino, ma fatevi sentire con colpi di tosse, finti starnuti o russando.

Perché nascondere solo le persone? Provate a occultare anche un gioco del bambino - pupazzi, macchinine, bambole... - e aiutatelo nella caccia al tesoro. Sarà molto gratificante per lui trovare per primo gli oggetti, che saranno stati nascosti in modo che almeno un pezzetto resti visibile. Se la prima volta questo gioco avrà successo, ve lo chiederà fino alla nausea.

Sulla falsa riga ho elaborato il gioco della pesca miracolosa: ho attaccato a un bastone uno spago, e in fondo allo spago una molletta da bucato. Senza essere visto, l'adulto mette i giochi del bambino in una borsa di carta. Il piccolo vi cala la lenza, a cui il genitore aggancia ogni volta un oggetto. La pesca ovviamente è sempre fruttuosa.

Se possedete in abbondanza peluche, foulard, asciugamani o simili, fate sdraiare il bambino su un tappeto e ricopritelo lentamente fino a seppellirlo, lasciandogli ovviamente modo di respirare bene. Sorprendentemente il piccolo resterà fermo, pregustando la sorpresa che farà al secondo genitore, che fingerà di non trovarlo e lo invocherà in maniera melodrammatica finché lui, con un eventuale suggerimento dell'altro adulto, si metterà a sedere con un urlo spaventoso. Anche il genitore può prestarsi a farsi seppellire e a ripetere il teatrino.

Analogamente non negate a vostro figlio la gioia di rifugiarsi in uno scatolone (pulito ovviamente, magari recuperato da un negoziante di fiducia che ve lo tiene da parte) per poi saltare fuori come una molla e stupirvi. Ripeterà il gioco infinite volte e voi, ovviamente, ogni volta mostrerete la stessa incredula sorpresa. La scatola può diventare un treno, una nave, un aereo, una slitta... finché non sarà così logora da doverla buttare via. Lasciate che viva questa avventura anche in compagnia dei suoi pupazzi preferiti.

La slitta però porta lo scatolone a una rapida usura: lo dovete spingere per la casa con il piccolo dentro, rigorosamente seduto. Non tiratela mai, perché il cartone si lacera subito. È fisicamente molto faticoso. Perché non farlo fare ai volenterosi papà?

Se disponete di una tenda da campeggio, montatela in salotto e lasciate che il piccolo ci entri, la esplori e la riempia dei suoi giocattoli. Se entrare da solo lo spaventa, seguitelo e sedetevi con lui, magari con una torcia accesa.

Giochi per fare ordine (per finta)

Materiali necessari

Da 1 a 2 anni

Vista, tatto

Peluche
Bambole
Macchinine
Animali di plastica
Bottiglie di plastica
In generale, oggetti o giochi dello stesso tipo in discreta quantità

Modalità

Sfatiamo il mito che ai bambini piaccia il disordine. Ogni genitore ha sicuramente sperimentato che il giocattolo abbandonato sul pavimento la sera prima non desta più alcun interesse in loro il giorno dopo, nonostante sia in bella vista, mentre riporlo spesso fa sì che lo richiedano.

L'ordine del bambino, ahimè, non è lo stesso dei genitori: spesso si limita al solo voler passare in rassegna i propri possedimenti per verificare che non manchi nulla. Talvolta nasce dal bisogno di classificare le cose, per comprenderle meglio.

Per i piccoli è un gioco molto rassicurante mettere in ordine o in fila i loro giocattoli. Peluche, macchinine, bambole, animali di plastica, se hanno una loro scatola o un contenitore predefinito che li accoglie, possono essere messi a nanna alla sera, magari con l'aiuto di un piccolo cuscino o una copertina. In alternativa, possono venire nascosti tutti sotto un tappeto.

Gli stessi, come anche i cubi e le costruzioni, si possono disporre in lunghe file nella stanza. L'adulto può collaborare con il piccolo che costruisce le file o i raggruppamenti, passandogli gli oggetti e commentando.

Anche le bottiglie di plastica esercitano un incomprensibile fascino sui bambini. Se siete dotati di un portabottiglie da sei, il piccolo potrà rimuoverle e rimetterle al loro posto con piacere, magari scambiandone la posizione. Meglio se le bottiglie sono vuote, perché se cadessero su un piede produrrebbero un urto di 1,5 kg: farebbero male anche a un adulto.

Chiedetegli di portarvi giochi specifici che custodite in un'altra stanza; fategli i complimenti e ringraziatelo quando ci riesce.

Fategli tirare fuori dalla scatola e poi riporre le bustine del tè.

Anche trascinare al guinzaglio cani di plastica, trenini, carretti o altro rientra in questa categoria di giochi rassicuranti. Lasciatelo fare e chiedete spesso scusa ai vicini del piano di sotto per il possibile fastidio arrecato con il rumore, che comunque non dovrebbe protrarsi nelle ore da dedicare al sonno.

Spesso le attività sopra descritte vengono già praticate spontaneamente dal bambino. Tocca a voi, magari, proporgli alcune varianti.

Attenzione

Le attività proposte in questo capitolo, utilizzando a volte oggetti di dimensioni ridotte o con parti piccole e ingoiabili, non possono essere praticate dal bambino da solo, ma sotto la continua sorveglianza del genitore.

Andare per la città

Materiali necessari

Mete adeguate alla stagione

Da 1 a 2 anni

Tutti

Modalità

Le passeggiate con i genitori sono una continua fonte di stimoli per il bambino. L'adulto, solitamente e inevitabilmente, cerca di conciliare le proprie esigenze di spesa e commissioni con queste passeggiate. In tali occasioni, però, entrambi accumulano sovente nervosismo, che sfocia spesso in irrequietezza e pianti.

Concedetevi perciò qualche volta, magari mandando il papà a fare la spesa da solo al centro commerciale, di scegliere le vostre mete unicamente in funzione del bimbo. Allettanti mete urbane possono essere la stazione ferroviaria, i giardinetti, le fontane pubbliche, le piazze con i piccioni, la scuola al momento dell'uscita dei bambini, le biblioteche o le ludoteche per ragazzi.

Provate ogni tanto ad abbandonare il passeggino a casa e camminate per brevi tratti con il bambino tenuto saldamente per mano; lungo il percorso chiacchierate, fategli salire i gradini, indicategli le automobili, le biciclette e i semafori. All'inizio sarà sufficiente il giro dell'isolato, poi potrete osare di più.

Sconsiglio caldamente di avventurarvi con questo scopo tra gli scaffali dei grandi magazzini. Il bimbo potrebbe decidere di mettersi a correre per i corridoi per nascondersi, causandovi grossa difficoltà.

Nella stagione adatta e se disponete di un cortile (o di una stanza ampia), fategli dono di un triciclo. Portatelo a pedalare anche ai giardinetti, purché siano riservati ai bambini al di sotto dei 3 anni.

Giochi che sporcano la casa (... ma che spasso!)

Da 1 a 2 anni

Tatto

Materiali necessari

Farina di mais bramata
Farina di frumento
Acqua
Tovaglia di plastica
Vecchi giornali
Grembiulino
Paletta
Tazze di plastica
Pentole basse
Aspirapolvere (per pulire)

Modalità

Sono giochi consigliati ai bambini oltre i 18 mesi o prossimi ai 2 anni; sono anche quelli più temuti dalle mamme, che poi devono pulire e rimettere a posto, ma sicuramente memorabili per i figli.

La stanza ideale è la cucina, mentre d'estate è preferibile un cortile all'aperto.

Tutto il materiale è facilmente reperibile in una comune cucina. La postazione va allestita con una tovaglia di plastica lavabile (all'occorrenza può andare bene anche un sacchetto dell'immondizia condominiale ritagliato) o vecchi giornali.

Il bambino va protetto con un grembiulino di stoffa o lavabile.

Le farine possono essere usate sia asciutte che bagnate. Nel primo caso, l'attività consiste nel manipolarle (ottima quella gialla di mais, meno polverosa e più granulare) semplicemente con le mani e nel travasarle da una pentola all'altra con palette, cucchiai e imbuti; nel secondo caso, si agisce sull'impasto vero e proprio versando poca acqua alla volta.

Occorre sottolineare che non a tutti i bambini piace avere le mani sporche, per cui non vale la pena insistere se non apprezzano questo gioco; soprassedete e riproponetelo loro più avanti.

Attenzione

Le attività proposte in questo capitolo, utilizzando contenitori pieni di acqua, non possono essere praticate dal bambino da solo, ma sotto la continua sorveglianza del genitore. Attenzione anche a eventuali allergie alimentari.

Televisione

Materiali necessari

Televisione o computer con lettore DVD
DVD di cartoni animati

Da 1 a 2 anni

Vista

Modalità

Si potrebbe aprire un dibattito circa l'opportunità della visione dei cartoni animati nella tenera età in questione. Personalmente non mi sento di demonizzare l'uso di quelli scelti accuratamente dal genitore; escludo invece la fruizione puramente casuale dei programmi trasmessi in TV, anche dai canali dedicati ai ragazzi.

Andranno selezionati ovviamente cartoni animati privi di scene violente e di battaglie o spaventosi; la storia dovrà essere breve, semplice e di comprensione immediata, con chiari riferimenti alla quotidianità del bambino e con personaggi facilmente riconoscibili, meglio se animali. Vi accorgerete che sarà lo stesso bambino a scegliere e a chiedere ripetutamente, fino alla nausea o all'usura del disco, il medesimo cartone animato. A loro piace sapere già come va a finire, perché li rassicura. È sorprendente sentirli pronunciare i nomi dei protagonisti durante la visione o addirittura riconoscerli raffigurati su libri o riviste. Provate a chiedere loro di raccontarvi la storia del cartone animato: vi stupiranno.

Come tutte le attività che richiedono molta concentrazione e attenzione da parte del bambino, anche la visione dei cartoni animati può stancarlo, perciò meglio non abusarne.

Attenzione

State sempre accanto al bambino durante la visione dei cartoni animati, per rassicurarlo e rispondere adeguatamente alle sue eventuali domande.

Manipolazione

Materiali necessari

Presse per plastilina
Plastilina colorata
che non indurisce
Rotella tagliapasta
Formine
Grembiule (facoltativo)

Da 1 a 2 anni

Tatto

Modalità

Le plastiline colorate in commercio sono tutte egualmente buone. Bisogna ricordarsi di chiudere bene i barattoli alla fine del gioco, però, altrimenti seccano. Se con l'uso hanno perso un poco della loro plasticità, e se ne vuole allungare la vita, si può provare a modellarle con le mani bagnate all'inizio dell'attività.

Non è facile insegnare al bambino a non mescolare i colori, riducendo la plastilina a un unico ammasso grigio indefinito, ma si può comunque provare a ripeterglielo spesso.

Esistono confezioni dotate di attrezzi per sagomare e modellare: matterelli, formine, bastoncini, addirittura presse per creare finti spaghetti. All'inizio si cimenteranno prevalentemente nel dare forma a tanti grissini o tante palline. L'importante non è il risultato, ma l'attività in sé.

La manipolazione delle plastiline è un gioco che soddisfa molto il bambino, cattura e mantiene la sua attenzione abbastanza a lungo. Proprio per questo non va proposto troppo spesso, a meno che non sia lui a richiederlo, per non portarlo alla disaffezione. È, cioè, un buon jolly da giocare *cum grano salis*.

Attenzione

Le attività proposte in questo capitolo, utilizzando a volte oggetti di dimensioni ridotte o con parti piccole e ingoiabili, non possono essere praticate dal bambino da solo, ma sotto la continua sorveglianza del genitore.

Giochi di fisicità

Materiali necessari

Palle leggere
Triciclo
Pupazzi
Sacco a pelo
Ghiaietto
Sabbia
Secchielli e palette

Da 1 a 2 anni

Tutti

Modalità

A tutti i bambini piace correre e muoversi, sperimentare le energie del proprio corpo, ma spesso la ristrettezza delle nostre abitazioni li confina. Inoltre, le fatiche lavorative, e spesso anche di un viaggio quotidiano, minano la volontà degli stanchi genitori che si mostrano poco disponibili di fronte alle richieste di giochi fisici da parte dei figli.

In ogni caso, in tarda serata sono comunque sconsigliabili attività che, eccitando troppo il bambino, potrebbero disturbare il suo sonno.

Qualcosa si può comunque fare per non deluderli. Un accorgimento è quello di stabilire un limite temporale per il gioco fisico e concludere la giornata insieme con un'attività rassicurante e tranquillizzante. Via libera perciò ai giochi scatenati, con cautela.

In casa

- Correre e inseguirsi è il gioco fisico per eccellenza, da praticare in spazi aperti preferibilmente, ma anche attorno al divano di casa. L'inseguimento può includere anche la conquista di un premio, come una coda fatta con foulard infilati nel retro dei pantaloni. Ovviamente questo è un gioco in cui tutti sono contro tutti e richiede la partecipazione di entrambi i genitori.
- Il calcio, anche se con palle leggere, talvolta può causare seri danni alla collezione di soprammobili e alle foto incorniciate della mamma, perché il bambino ha uno scarso controllo dei calci. Noi lo abbiamo praticato comunque, ma perché il papà

era un ottimo portiere. Meglio cimentarsi all'aperto. Per evitare incidenti, la variante più innocua è lanciare la palla con le mani sul pavimento facendola rimbalzare, ma è comunque un esercizio difficoltoso per il piccolo e che gli richiede notevole coordinamento.

- Un'alternativa che vale la pena tentare è il lancio del pupazzo. Bimbo e genitore si tirano alternativamente con delicatezza un peluche di dimensione media, così che risulti semplice afferrarlo. È facile che il gioco si stabilizzi nel bambino che lancia e nel genitore che riceve. Se poi l'adulto fa finta di farlo cadere con mosse clownesche, le risate sono assicurate. Si può pensare di lanciare la palla o il pupazzo in un sacchetto di carta della spesa tenuto ben aperto per i manici. Una sorta di canestro artigianale che ovviamente segue con fedeltà il tiro maldestro del bambino, andando sempre a segno.
- Fingere di fare ginnastica cattura l'attenzione per qualche minuto, ma non di più. L'adulto dà i comandi, per esempio «Braccia su»; «Braccia giù»; «Seduti»; «In piedi»; «Sdraiati a pancia in su»; «Sdraiati a pancia in giù». È comunque un ottimo esercizio per allenare, e verificare, la capacità di ascolto del bambino.
- Chi non ricorda con nostalgia i salti sul lettone dei genitori, magari insieme ai fratelli o alle sorelle? Perché negare ai nostri figli la stessa sfrenata gioia? Ovviamente non deve diventare un'abitudine (pena cambiare ogni anno la rete del letto), ma piuttosto un episodio eccezionale, o un premio, concesso sempre sotto la supervisione di un adulto, che eventualmente sorregge il bambino per le mani o è pronto a prendere al volo il malcapitato che non atterra sul materasso. È un'attività che fa sudare molto e lascia i bambini stremati. Fateli bere a lungo, dopo, e non praticatela mai vicino alle ore del sonno.
- Chi ha detto che triciclo e affini si possono usare solo in cortile? L'inverno è lungo e non si può negare sempre al bambino di giocarci. Ovviamente dipende dalla disponibilità e tolleranza dei vostri vicini di casa.
- Non rumoroso, ma divertente, è trascinare per casa il bambino nascosto all'interno di un sacco a pelo lasciato adeguatamente aperto per la ventilazione. È molto doloroso per le mani e la schiena del genitore, per cui potete concederlo con parsimonia.

All'aperto

- Valgono tutti i suggerimenti presentati in merito ai giochi in casa. Ovviamente le esperienze all'aria aperta consentono anche l'osservazione dell'ambiente, forniscono una maggiore disponibilità di spazio e permettono di conoscere luoghi diversi da quelli abituali. Spesso le attività all'aria aperta si esercitano soprattutto nei periodi di vacanza, durante cui il bambino si trova in un ambito diverso dal solito, in compagnia dei genitori come uniche persone conosciute.
- Al mare, in montagna, in piscina, nel bosco i bambini si scatenano, esplorano il mondo con tutto il loro corpo tramite il gioco. A volte diventa difficile contenere tanta esuberanza, e gestire il piccolo diventa difficile negli ambienti ristretti e affollati delle strutture vacanziere. Provate allora a distrarli con i tradizionali giochi da spiaggia. Probabilmente si scatenerà ben presto in loro la frenesia del costruttore: con sabbia o ghiaietto, palette e secchielli inizieranno a scavare e ad accumulare montagne di materiale per edificare chissà quale opera. Non disturbateli se li vedete concentrati e se non hanno bisogno di aiuto. È il momento di concedervi un buon libro.

Libri-gioco

Materiali necessari

Libri tattili
Libri pop-up
Libri di materiali non cartacei
Album di fotografie di famigliae

Da 1 a 2 anni

Tutti

Modalità

Per libri-gioco intendo tutti quelli elencati tra i *Materiali necessari* o altri, che richiedono la partecipazione attiva del piccolo: manualità oltre che ascolto. Perciò, via libera ai libretti cartonati con le finestrelle, le alette, con parti in movimento (che si romperanno presto ma che voi tenacemente incollerete), ai libri con diverse superfici ruvide ecc. Non potendo ovviamente comprare e possedere tutti i bellissimi libri per bambini che l'editoria italiana stampa ogni anno, suggerisco di provare a frequentare la sezione dedicata ai ragazzi della biblioteca della vostra città. A volte i volumi sono vecchi e malandati, ma sicuramente ben assortiti e chissà, forse potreste ritrovare tra questi dei vecchi amici, come è capitato a me con le *Favole al telefono* di Gianni Rodari illustrate da Bruno Munari. Sarà bello e incoraggiante per il piccolo scegliere quello da portare a casa.

Non mi sono volutamente dilungata in questa sede a perorare la causa della lettura di storie e fiabe da parte dei genitori. Credo che sia opinione ormai consolidata quella che vede in questa pratica uno degli strumenti insostituibili di relazione tra bambino e genitore. Consente di accedere ai desideri del piccolo, alle sue emozioni e anche alle sue paure. E poi, che tenerezza stare seduti con loro sul lettino a leggere e a sfogliare insieme i libri illustrati, non lesinando, nel contempo, abbracci rassicuranti.

Se un libro ha la fortuna di diventare il preferito del vostro piccolo tanto da reclamarlo tutte le sere, provate a chiedergli di raccontarvi lui la storia. Ascoltatelo con attenzione e guidatelo nell'esposizione con domande mirate.

Anche gli album di fotografie di famiglia, anche quelli in cui magari il bambino già compare, possono essere usati come passatempo divertente e istruttivo. I vostri figli saranno curiosi di vedere i propri genitori da piccoli, anche se probabilmente non vi riconosceranno nelle immagini. Guardando insieme le foto dei loro primi mesi di vita si stupiranno scoprendo se stessi da neonati. Aspettatevi la domanda: «Dov'ero prima, quando non ero nella pancia della mamma?». Tenetevi pronta una risposta simpatica e allo stesso tempo evasiva, per esempio: «Nei nostri sogni»; «In una nuvola» ecc.

Dare una mano in casa

Materiali necessari

Nessuno

Da 1 a 2 anni

Tutti

Modalità

Chiedete al piccolo di cimentarsi con compiti facili che lo portino a sentirsi parte attiva della casa; proponetegli di aiutarvi in alcune semplici incombenze domestiche (vale sia per i maschi che per le femmine).

Mia figlia amava estrarre la biancheria lavata dalla lavatrice e riporla nella bacinella, appendere qualche indumento piccolo e leggero sullo stendibiancheria, riporre le borse della spesa usate nell'apposito cassetto, inserire le monetine di resto nel salvadanaio, mettere le bottiglie nel portabottiglie.

Provate anche a far cucinare vostro figlio con voi, dandogli un cucchiaio, una pentola e qualche cibo da mescolare, lontano dai fornelli.

Ovviamente in nessuna di queste attività è importante che il risultato sia perfetto; conta solo partecipare con serietà.

Parte seconda
DAI 2 AI 3 ANNI

Eccoci arrivati ai magnifici e terribili 2 anni.

Sicuramente nella mente dei genitori stremati dalle notti insonni e dai dolori alla schiena è ancora vivido il ricordo delle assidue cure prestate al bambino nei primi mesi di vita. Allo scoccare dei 2 anni ci si illude spesso di aver finalmente raggiunto un traguardo, ma «non c'è pace tra gli ulivi», perché già cominciano le nuove tirannie dei figli nei confronti dei genitori.

«Cosa vorranno ancora? Adesso che sanno camminare, raggiungere gli oggetti e afferrare da soli i giochi, perché continuano a cercarci?», ci capita di domandarci, con un subitaneo senso di colpa.

È semplice: perché ai loro occhi siamo, e sempre saremo, il loro papà e la loro mamma, il loro mondo, nonché i loro primi compagni di gioco. Lo sappiamo già, ma a volte la stanchezza ce lo fa dimenticare.

A 2 anni molti bambini avranno già iniziato, se non addirittura consolidato, la loro esperienza di vita nella comunità dell'asilo nido, altri invece continueranno a essere accuditi in ambiti familiari fino all'ingresso nella scuola dell'infanzia. In questa fase della crescita si manifesta prepotentemente il temperamento del bimbo come affermazione della sua emergente individualità. Diventa perciò indispensabile prestargli un ascolto attento, perché sta cercando di dirvi chi è e cosa vuole.

È il momento delle prime regole, dei primi divieti impartiti per garantirne l'incolumità e ridimensionare il suo naturale egocentrismo infantile. È l'età delle continue sfide all'autorità genitoriale alla ricerca di qualcuno che si occupi di noi dandoci i giusti limiti.

Accanto alle esperienze sensoriali si moltiplicano anche quelle emozionali: gioia, paura, frustrazione, abbandono, in una gamma infinita. Impellente diventa per il piccolo il poterle riconoscere per non esserne sopraffatto. L'adulto che, in qualità di educatore emotivo, accompagnerà il figlio in questa «esplorazione emozionale» dovrà dare prova di una profonda sensibilità e, come al solito, di tanta, tanta pazienza.

Questa età è coincisa per noi con un momento molto difficoltoso, per fortuna risolto grazie a un illuminato medico che ha saputo leggere nel comportamento collerico, incontrollato e aggressivo di mia figlia non un disagio emotivo, per cui avevamo affrontato cinque inutili mesi di terapia di sostegno psicologico, bensì una ben più innocua intolleranza al latte vaccino. Eliminato quell'alimento dai pasti della piccola, abbiamo visto sbocciare in soli quindici giorni una bambina straordinariamente serena, ragionevole, attenta e affettuosa.

L'ingresso alla scuola materna a 2 anni e mezzo ha coinciso inevitabilmente con l'inserimento in una nuova comunità, e con il cambiamento di luoghi, persone e orari.

I primi scarabocchi iniziarono a prendere la forma di disegni, i lavoretti con carta e colla divennero precisi e un valido motivo di vanto, la recita di Natale un appuntamento carico di ansia e attese.

Per la prima volta all'asilo mia figlia si affezionò a una coetanea, mostrando per questa amichetta una predilezione sconfinante nell'adorazione. Ancora oggi la mitica Teodora, compagna solo per un anno scolastico, viene annoverata tra le migliori amiche del tempo che fu.

I travasi

Materiali necessari

Dai 2 ai 3 anni

Vista, tatto

Contenitori capienti (tipo scatoloni, scatole da scarpe, bacinelle, secchi di plastica)
Palline
Palline rimbalzine
Pennarelli
Pastelli a cera
Pupazzi di plastica
Peluche
Bambole
Monete
Cibo di plastica
Piattini e tazzine giocattolo
Macchinine
Animali di plastica
Libretti e fumetti
Fiori finti
Pasta corta di vari formati
Bottigliette di plastica vuote e pulite (di bibite, shampoo ecc.)
Foulard
Calzini puliti
Vecchie chiavi
Posate non taglienti
Tappetino da palestra arrotolato a tubo

Modalità

Qualunque oggetto va bene, purché in quantità sufficiente (ne occorre almeno una ventina, se di piccole dimensioni).

Si tratta di attività semplici che impegnano comunque il bambino per un tempo discreto. La gratificazione è immediata e si possono praticare con soddisfazione anche dal genitore tornato stanco dal lavoro.

Scelti i materiali, o fatti scegliere al bambino, si dispongono due contenitori nella stanza a una certa distanza, non eccessiva se il bambino cammina da poco; altrimenti, se preferisce stare seduto, posizionati in modo che li raggiunga con le braccia. Riempite di oggetti uno dei due contenitori, poi proponete al bambino di travasarli in quello vuoto, mostrandogli i primi passaggi. Quando acquisisce sufficiente dimestichezza con il meccanismo, meglio lasciarlo fare da solo. Per i più grandi potete anche mescolare più tipologie di oggetti e farli travasare in differenti contenitori, così che imparino a classificarli. In questo caso può essere utile porre spesso domande sulla natura dell'oggetto appena afferrato dal contenitore misto.

Una variante molto giocosa e divertente di questa attività è lo scivolo nel tubo morbido. Il tubo può essere realizzato arrotolando un tappetino di gommapiuma, di quelli da ginnastica, legato con uno spago o un elastico; va inclinato come uno scivolo e appoggiato su un mobile o una sedia con il contenitore (bacinella o scatolone) ai suoi piedi; il bambino fa scivolare gli oggetti dall'alto e si diverte a seguire il fruscio della scivolata e il tonfo dell'oggetto arrivato.

Le palline rimbalzine sono spassose, perché non restano nel contenitore e schizzano fuori dalla scatola. Ovviamente è più impegnativo per il genitore che deve inseguirle per tutta la casa, anche sotto i mobili. La risata di vostro figlio però vi ripagherà sicuramente della fatica e del mal di schiena.

Il medesimo tubo può essere usato per divertenti scherzi in cui il bambino infila la mano e il genitore, che infila la sua di nascosto nell'altra apertura, gliela agguanta. Attenzione! Se troppo piccoli potrebbero spaventarsi per la sorpresa. In alternativa, può essere usato un animaletto di plastica mosso dal genitore dentro al tubo, che il bambino tocca, prende e poi colloca nel contenitore.

L'ultima variante proposta richiede un attrezzo che possa fungere da scivolo aperto. Io ho utilizzato per anni due canaline di gomma di circa 1,5 metri di lunghezza, che avevo trovato come protezione agli spigoli nell'imballaggio di un mobile. Alloggiavamo nella scanalatura una fila di palline rimbalzine, come i vagoni di un trenino, tenendo ferma con la mano la prima della fila fino al posizionamento di tutte le altre. Togliendo di colpo la mano assistevamo a una valanga di palline che saltavano per tutta la casa. Quest'ultima versione del gioco ha fortemente divertito anche bambini di età nettamente superiore ai 2 anni.

Attenzione

Le attività proposte in questo capitolo, in quanto talvolta utilizzano oggetti di dimensioni ridotte o con parti piccole e ingoiabili, non possono essere praticate dal bambino da solo, ma sotto la continua sorveglianza del genitore.

Giochi che sporcano la casa (... ma che spasso!)

Modalità

Rimando alla descrizione delle attività già illustrate nella parte dedicata ai bambini fino ai 2 anni di età, suggerendovi di riproporle anche ora perché, vi assicuro, verranno vissute e svolte dai bambini con modi ed emozioni tutti nuovi grazie alle loro accresciute abilità fisiche ed emotive.

Per quanto riguarda il gioco con le farine, voglio rendervi partecipi di una variante estrema che ho tentato una sola volta (la casa e io non avremmo retto a una seconda). Ho sparso la farina di polenta sul pavimento (non fatelo se avete il parquet) e la bambina ha giocato per un'ora a scivolare e caderci sopra. Ometto lo stato della casa alla fine, ma ricordo ancora come fosse ieri la sua euforica gioia.

E la manipolazione della gelatina (vedi ingredienti a p. 45)? In alternativa, potete inserire nella miscela pezzi di frutta come fragole o mele, per farli trovare poi al bambino come in una caccia al tesoro. Se evitate i coloranti resteranno commestibili.

Attenzione

Le attività proposte in questo capitolo, in quanto utilizzano contenitori pieni di acqua, non possono essere praticate dal bambino da solo, ma sotto la continua sorveglianza del genitore. Attenzione anche a eventuali allergie alimentari.

Giochi con l'acqua (... di nuovo che spasso!)

Modalità

Rimando alla descrizione delle attività già illustrate nella parte dedicata ai bambini fino ai 2 anni di età, suggerendovi di riproporle anche ora perché, vi assicuro, verranno vissute e svolte dai bambini con modi ed emozioni nuovi grazie alle loro accresciute abilità fisiche ed emotive.

Il gioco principe che vede l'acqua come protagonista è lavare le cose. Adesso potete aggiungere anche poco sapone liquido per rendere l'acqua schiumosa e profumata.

Il bambino ama detergere i suoi giocattoli, magari sfregandoli con una spugna o un vecchio spazzolino da denti. Talvolta mia figlia, a 8 anni, mi chiede ancora di poter lavare, con lo spazzolino e il dentifricio vero, i denti dei suoi dinosauri di plastica.

Ripeto la raccomandazione di usare giochi che non si rovinino in acqua, ossia privi di parti che scolorino, si scollino o dotati di batterie. Gli oggetti devono essere maneggevoli per il bambino, e leggeri perché sicuramente gli sfuggiranno di mano a causa della scivolosità del sapone.

Per fare la schiuma non usate mai il detersivo per i piatti, anche se si tratta di lavare il loro set da cucina, bensì sapone liquido per le mani.

Alle bambine piace molto lavare le stoviglie giocattolo. Altrettanto bene vanno i pupazzi di gomma, gli animali e le bambole di plastica.

Se avete intenzione di cimentarvi nel travasare l'acqua con imbuti, bottigliette di plastica, tazze e bicchieri di plastica sconsiglio l'uso dei detergenti; al massimo potete aggiungere qualche goccia di essenza profumata. Spruzzare con lo spruzzino del bucato è molto eccitante per i bambini, ma spesso poi esagerano colpendo ogni cosa; d'estate all'aperto è più tollerabile.

Per i più grandi si suggerisce un facile, ma spettacolare esperimento: si versano poche gocce di colorante alimentare sul fondo di bicchieri di plastica trasparenti e si fa aggiungere al bambino l'acqua pulita, che si colorerà per magia. Da qui iniziano gli esperimenti cromatici: il piccolo mescolerà le acque colorate tra loro, scoprendo che il giallo e il blu fanno il verde, il rosso e il blu fanno il viola e il rosso e il giallo fanno l'arancione. Suggerisco di non travasare tutti i liquidi completamente, ma di conservare sempre un poco di colori primari non miscelati.

Solo alla fine è possibile tentare la magia definitiva, ovvero far tornare l'acqua trasparente. «Impossibile!», direte voi, invece si può, con qualche goccia di candeggina o di ossidante equivalente, maneggiati ovviamente dall'adulto. A questo punto la miscela, che assumerà un forte odore di cloro, non potrà più essere avvicinata o manipolata dal bambino e andrà subito gettata. È una proposta interessante da sfoggiare durante le feste di compleanno.

Alla categoria dei giochi con l'acqua appartengono anche le bolle di sapone. Al piccolo piace farle, ma soprattutto rincorrerle e farle esplodere. Aspettate i suoi tempi prima di procedere con un nuovo soffio, perché se viene sommerso dalle bolle e non riesce a farle scoppiare, si può ingenerare in lui un inutile senso di frustrazione.

Attenzione

Le attività proposte in questo capitolo, in quanto utilizzano contenitori pieni di acqua, non possono essere praticate dal bambino da solo, ma sotto la continua sorveglianza del genitore.

Verificate sempre la temperatura dell'acqua prima di consentire al bambino di avvicinarsi e asciugate man mano i pavimenti per evitare di scivolare voi stessi.

Giochi di disegno e cartonnage

Materiali necessari

Dai 2 ai 3 anni

Vista, tatto

Per il disegno

Grembiule
Fogli di carta bianca formato A4 e A3, anche di riciclo
Colori per dita
Colori con applicatore a pallina roll-on
Pennarelli
Pastelli
Pastelli a cera

Colori a tempera
Colori ad acquerello
Pennelli a punta grande
Spugne e spugnette
Spago grosso
Timbri a forma di animale e tampone
Timbri autoinchiostranti
Gessetti
Lavagne

Per il cartonnage
Cartoncino, anche di recupero delle confezioni di merendine
Scatole e scatoloni usati in cartoncino o cartone
Forbici di sicurezza con punte arrotondate
Forbici sagomate
Carta colorata
Fustellatrici
Adesivi
Riviste con fotografie
Pieghevoli pubblicitari dei supermercati
Colla stick
Colla vinilica
Confezione di polistirolo del gelato
Nastri adesivi con figure
Nastro adesivo in carta
Mascherina da tinteggiatori
Matterello da pizza (quello con il manico)

Modalità

Ho volutamente omesso quelle attività di disegno che si svolgono semplicemente con gli album da colorare in commercio, perché innanzitutto richiedono un investimento economico e poi non hanno bisogno di alcuna particolare spiegazione, tranne quella ovvia di andare in edicola e comprarli.

Disegnare con i colori

Disegnare per il bambino è un'esigenza imprescindibile, che aumenta con la capacità di impugnare con precisione la matita. Per i disegni più estesi, da fare magari sdraiati a terra insieme a lui, utilizzate i fogli di riciclo delle stampe errate dell'ufficio in formato

A3, eventualmente incollandoli tra loro. In questo caso l'attività va pianificata prima dal genitore, al fine di avere a disposizione tutti i materiali.

I colori a dita, già utilizzati dal bambino durante le sue prime esperienze pittoriche, continuano a essere apprezzati. Basterà mettere a disposizione anche qualche pennello grande.

Se il piccolo adora vedere le palme delle proprie mani colorate, allora lo potrete dotare di un grosso pennello morbido, come quello da fard della mamma, con cui si divertirà a spennellarsi le dita. Anche utilizzando questi strumenti il problema principale delle tempere a dita persiste: si esauriscono velocemente e non sono sempre economiche.

Il tavolo da disegno andrà protetto con tovaglie di plastica o giornali. Consiglio sempre l'uso di un grembiulino o di abiti da tenere esclusivamente per queste attività.

Una variante meno sporchevole utilizza le tempere roll-on: si tratta di bottigliette di plastica piene di colore fluido, impugnabili dal bambino, in cui il tappo è stato sostituito da un roll-on, un applicatore simile a quello dei deodoranti. È una vera scoperta per lui far correre la mano sulla carta impugnando questi strani tubetti. All'inizio saranno solo scarabocchi, poi qualche figura (cerchi, cuori) salterà fuori.

Per ottenere dei risultati immediatamente sorprendenti, anche con bambini piccoli, suggerisco, in entrambe le attività, di utilizzare fogli formato A3 che piegherete a metà quando i colori sono ancora fluidi. Farete premere al bambino la superficie pulita del foglio, magari attrezzandolo con un matterello da pizza o anche semplicemente con tanti leggeri schiaffi. Attendete qualche secondo e poi aiutatelo ad aprire il foglio lentamente. Vedrete comparire magicamente figure simmetriche, che nulla avranno da invidiare alle farfalle tropicali. Una volta asciutte, completate le figure con dettagli realizzati con i pennarelli.

Man mano che la manualità del bambino si affina, sarà spontaneo per lui utilizzare nel disegno matite e pennarelli. I secondi, più brillanti e scorrevoli, sono i prediletti dai bambini fino all'età scolare, quando nella scuola primaria dovranno abbandonarli a favore dei meno sporchevoli pastelli, che sono di più difficile impugnatura e soprattutto hanno le punte che si rompono facilmente, in particolare quando cadono a terra (e accade spesso).

Un'attività semplice, anche se potenzialmente un po' pericolosa, è far impugnare al bambino un pastello o una biro senza cappuccio, e farglielo conficcare in una confezione di polistirolo del gelato tenuta ferma dal genitore. È un'attività energica, che va fatta sotto la strettissima sorveglianza dell'adulto e interrotta immediatamente, sottraendo il pastello al bambino, qualora vi accorgeste che i colpi non sono mirati ma casuali, e potrebbero ferire lui o voi. Mia figlia l'ha praticata saltuariamente tra i 2 e 3 anni, imparando a dosare la forza e senza mai fare o farsi del male.

Una variante alla scatola di polistirolo è spiegare un foglio formato A3, tenendolo saldamente per i lati corti, e fare praticare al bambino i buchi con il pastello. Le precauzioni sono le stesse dell'attività precedente, con la differenza che il foglio crivellato di buchi può strapparsi all'improvviso in due, perciò attenzione.

Esistono pennarelli di varie dimensioni, da quelli giganti ai medi fino ai fini. All'inizio i piccoli premono fortemente la punta sul foglio, o addirittura lo colpiscono. I pennarelli fini, essendo meno resistenti a tali sollecitazioni, non sono indicati per loro.

Un'attività semplice, praticabile anche con i più piccoli, è ricalcare la loro mano con un pennarello. Il solletico della matita che scorre tra le dita li diverte molto, indipendentemente dal risultato del disegno. Si può replicare anche con i piedi nudi. Se il bambino desidera ricalcare la vostra mano, assecondatelo e lasciatelo anche sbagliare: un buon sapone rimedierà agli inevitabili scarabocchi sulla vostra pelle.

Per i più grandi, che riescono a stare fermi più a lungo, si può provare l'emozione di farsi ricalcare tutto il corpo. Occorre predisporre un grande foglio che contenga tutto il bambino sdraiato con braccia e gambe divaricate, da realizzarsi incollando numerosi A3 oppure ricorrendo a carta da pacco bianca. Con il pennarello il genitore ricalca il corpo (il bambino resta vestito e immobile) e poi passa la sagoma al figlio per fargli completare e colorare le parti importanti (viso, vestiti, scarpe). È interessante osservare come ogni bambino rappresenti se stesso nel suo ritratto a figura intera.

I colori a cera, pur essendo di facile impugnatura, si spezzano facilmente per i motivi di cui sopra. Ecco una divertente attività con i pastelli a cera, anche di ridotte dimensioni: cercate in casa, o meglio all'aperto, differenti superfici ruvide (per esempio, un muro di mattoni, la corteccia di un albero, una cesta di vimini, una sedia impagliata, un tappeto box doccia ecc.) che presentino una trama, una texture. Appoggiate il foglio A3 sulla superficie prescelta e strofinate più volte energicamente sul foglio il pastello a cera, privato della pellicola protettiva. Comparirà l'impronta della texture. Per i più grandi sarà bello confrontare una superficie con l'altra o fare una vera gara per scegliere quella più originale.

Tempere e acquerelli richiedono il raggiungimento di una buona manualità, per reggere e guidare il pennello sul foglio. Suggerisco di iniziare con i secondi, perché sono meno dispersivi e sporcano meno. All'inizio i giovani pittori proveranno soprattutto a mescolare i colori tra loro, anche fin troppo, producendo inevitabilmente dei cupi marroni. Lentamente riusciranno a mantenere sul foglio i colori originari. Le tempere sono indicate per i più grandi, altrimenti c'è il rischio che vengano usate come colori per dita.

Vi stupirete delle opere d'arte che i vostri figli sapranno realizzare fin da subito.

Raramente i bambini riescono, o si ricordano, di avvitare i tappi dei tubetti. Tocca a voi l'ingrato compito, insieme a quello di sostituire periodicamente l'acqua intorbidata.

È inevitabile che qualche bicchiere, con l'acqua di risciacquo dei pennelli, cada sul pavimento con tutto il suo contenuto. Pazienza, gli stracci servono a questo, l'importante è che il bicchiere non sia di vetro.

Disegnare con i timbri

In commercio esistono validi giochi di timbri con figure e tamponi, ma si può ovviare all'acquisto utilizzando la gommapiuma delle spugnette per i piatti (ahimè, ne dovrete sacrificare 4 o 5), che ritaglierete in sagome semplici (albero di Natale, cuore, farfalla, cerchio, coniglio...), disegnate in precedenza con una matita. Il tampone si realizza versando della tempera poco diluita in un piatto di plastica. Il bambino imbibirà la spugna-timbro nel colore e poi stamperà premendo sul foglio. Con i cuori si possono anche fare i petali di un fiore, con il cerchio un sole, una palla, un pupazzo di neve, un pulcino. Ricordatevi di lavare le spugne prima di riporle e farle asciugare bene, per evitare cattivi odori la volta successiva.

Una variante ai timbri di spugna è lo spago in fibra grosso, che viene imbevuto di colore come sopra, e poi gettato a caso sul foglio per creare bei ghirigori.

Ai più piccoli piace molto timbrare, per il gesto energico in sé: può tornare utile qualsiasi vecchio timbro e tampone da ufficio.

Disegnare con i gessetti

I gessetti colorati sono ormai leggermente desueti, anche se è ancora possibile trovare nei reparti cucina o scuola dei grandi magazzini delle lavagnette in ardesia sintetica a poco prezzo. Quest'ultima si rivela un ottimo strumento per i bambini quasi in età scolare, mentre i più piccoli la considerano solo un nuovo foglio da scarabocchiare, equivalente alle tante lavagne magiche a principio magnetico. I gessetti si rompono facilmente e producono molta polvere. Inoltre l'opera non può essere conservata.

Elencati i difetti dei gessetti, spezzo ora una lancia in loro favore. In commercio ne esistono da esterno, più robusti di quelli da lavagna, che non si rompono facilmente; servono per scarabocchiare muri, cortili, superfici in cemento. Ovviamente ogni murales dovrà essere realizzato su superfici lavabili (cortili, marciapiedi) o su muri di proprietà, onde evitare le ire dei vicini. È un gioco molto appassionante durante le feste di compleanno, se fatto con tanti bambini che realizzano insieme il proprio quadro.

Cartonnage

I collage richiedono una buona pianificazione da parte del genitore che, se il bambino ancora non fa uso delle forbici, deve provvedere a ritagliare, prima dell'attività, figure e immagini da riviste e depliant pubblicitari, fumetti, carta colorata.

Suggerisco di conservare una scatola da scarpe con i ritagli inutilizzati, così da non dover ricominciare da capo ogni volta. Meglio se le immagini raffigurano cose che interessano il bambino, ossia altri bambini, personaggi dei cartoni animati, cibo, fiori, animali.

La colla più semplice e pulita da usare è quella in stick, ma quella vinilica è più facile, se il piccolo sa premere con forza con le mani. Basta far cadere la goccia sul ritaglio e il gioco è fatto. Attenzione: la colla vinilica bagna molto la carta e può spezzarsi quando viene schiacciata sul foglio.

I più grandi, che già maneggiano le forbici di sicurezza, possono ritagliarsi da soli le immagini preferite e comporre in autonomia il disegno.

Un'attività che piace alle bambine più grandi è ritagliare dalle riviste, o dai cataloghi di moda, le parti del corpo delle modelle (testa, vestiti, corpo, gambe, accessori...) e assemblarle tra loro, anche se i risultati sono dei veri Frankenstein.

A volte il bambino mescola le tecniche e completa il collage con disegni a pennarello, pezzi di nastro adesivo, foglie o altro. Non ponete freno alla sua creatività.

Imparare a ritagliare con la forbice è una tappa fondamentale per il bambino, che crea però molta ansia nei genitori; potete iniziare con forbicine piccole completamente in plastica con la punta arrotondata: sono innocue, anche se tagliano di sicuro poco, perché praticamente prive di lama. Per ovviare, il genitore deve reggere con le mani il foglio ben teso.

Al piccolo spesso piace ritagliare giusto per il gusto di farlo. Si sparpaglieranno perciò tanti ritagli inutili per casa, che solo per lui rappresenteranno qualcosa (balene, giraffe, elefanti, chissà...). Se mostra di voler giocare con gli animali che ha appena creato assecondatelo, e fategli imitare i versi corrispondenti.

Una variante semplificata del collage sono gli adesivi. In edicola e libreria ne esistono di ogni sorta e colore. Sono però abbastanza costosi e si esauriscono presto. È meglio che il genitore distacchi parzialmente dal supporto l'adesivo scelto dal bambino, per evitare strappi e conseguenti lacrime.

I bambini amano anche tutte i materiali che si incollano da soli, come il nastro adesivo: se lo lasciate in mano a vostro figlio, lo tramuterà ben presto in un ammasso appiccicoso con accanto un rotolino di plastica vuoto. Non privatelo di questa gioia, almeno una volta, acquistando un prodotto poco costoso. Il nastro adesivo in carta è ottimo per srotolare e ammucchiare, perché meno appiccicoso e dannoso sulle eventuali superfici.

I cartoncini

Ritagliare il cartoncino, anche quello leggero delle scatole delle merendine, richiede una discreta forza, nonostante resti più rigido, e ovviamente l'uso di vere lame.

Il bambino più piccolo può limitarsi a disegnare un oggetto sul cartoncino (un'automobile, le sue ruote, un animale...) e colorarlo, lasciando al genitore il compito di ritagliarlo ed eventualmente animarlo per gioco.

Con il cartoncino si possono realizzare belle maschere, anche mostruose se piace il genere per Halloween. La maschera, colorata o decorata, si completa con un elastico tagliato da fissare con i punti metallici, che andranno poi ricoperti con nastro adesivo per evitare che pungano. Suggerisco di fare prima un modellino con carta A4 da appoggiare sul viso del bambino per segnare con un pennarello la posizione corretta di naso, occhi e bocca. Una versione semplificata è realizzabile con i sacchetti di carta da alimenti tipo quelli della panetteria. Attenzione: praticate i fori per occhi e bocca prima di indossarle, per evitare il rischio di soffocamento.

Le scatole

Qualunque scatola può diventare un gioco per il bambino. Ce lo hanno raccontato i nostri padri e lo abbiamo sperimentato anche noi: avevo 5 anni quando tentai di costruire, con una scatola da scarpe e una sveglia, la mia prima, e unica, macchina del tempo. Poco importava che non funzionasse veramente: allora contava l'averci provato.

Le scatole sono di dimensioni e sagome varie. Si va da quella del tè, che può servire da scrigno per custodire i piccoli giochi da edicola collezionabili, allo scatolone in cui il bambino può entrare con tutto il corpo.

Questi ultimi sono e rimangono i migliori rifugi, anche per i più grandi, in cui nascondersi per poi uscire all'improvviso e sorprendervi. In alternativa suggerisco di architettare uno scherzo ai danni di uno dei genitori o dei nonni, lasciando la scatola con il piccolo fuori dalla porta e suonando il campanello di casa.

Con le scatole più piccole, tipo quelle da scarpe, è possibile proporre al bambino un'attività di decorazione. Invitatelo a colorare sia l'interno che l'esterno con colori a scelta (pennarelli, acquarelli, tempere). Solitamente abituato a disegnare su un foglio bidimensionale, sperimenterà con successo la tridimensionalità dell'oggetto e i concetti di interno ed esterno. Assicuratevi prima che le superfici non siano lucide, bensì opache e disegnabili.

Una scatola da scarpe, semplicemente incollando quattro ruote di cartoncino ai lati e due finti fanali davanti, diventa subito un autentico mezzo di trasporto a motore che, se dotato di fune, verrà trascinato dai più piccoli per tutta la casa o spinto sul pavimento come una slitta dai più grandi, meglio ancora se riempito dei loro giochi preferiti.

Le sagome di carta

Attrezzi straordinari nelle attività di collage, anche se purtroppo di non facile reperimento, sono le fustellatrici. Si tratta di punzonatrici che forano la carta producendo elementi decorativi (cuori, fiori, soli, alberi di Natale, streghe ecc.). Basta premere con decisione e si buca la carta colorata, producendo sagome tutte uguali da incollare successivamente, abbinando all'attività del collage il piacere di usare l'insolito attrezzo. Per i bambini più piccoli può occorrere l'aiuto dell'adulto per premere a fondo la fustellatrice, ma resta comunque la soddisfazione di aver partecipato attivamente; quelli già abituati a usare le presse per la plastilina capiranno in un attimo il meccanismo.

Il genitore può anche predisporre in precedenza un'adeguata quantità di sagome, per accelerare l'attività. Le fustellatrici con le sagome grandi (ahimè, le più costose) producono figure più facilmente manipolabili e incollabili anche dai più piccoli. Da una stessa figura se ne possono ricavare tante altre (per esempio, dal sole, il girasole; dal cuore, il quadrifoglio o i petali di un fiore; tagliando a metà sempre il cuore, si fa il corpo di un topolino; il fiore diventa la chioma frondosa di un albero; dalla stella si possono realizzare bacchette magiche, stelle comete, stelle marine).

Attenzione

In quanto a volte utilizzano oggetti di dimensioni ridotte o con parti piccole e ingoiabili, le attività proposte in questo capitolo non possono essere praticate dal bambino da solo, ma sotto la continua sorveglianza del genitore.

Manipolazione

Dai 2 ai 3 anni

Tatto

Materiali necessari

Pennarelli
Colori a tempera
Colori ad acquerello
Pennelli a punta grande
Presse per la plastilina
Plastilina colorata che non indurisce
Plastilina che indurisce
Rotella tagliapasta
Farina
Sale fino da cucina
Grembiule (facoltativo)

Modalità

Per quanto riguarda le plastiline colorate rimando alle attività già descritte nella parte *Dalla nascita ai 2 anni* (*vedi* a p. 48).

Le plastiline che induriscono invece, bianche o colorate, sono un po' più difficili e ostiche da manipolare delle altre e il risultato è comunque differito di qualche giorno (il tempo di indurirsi). Bisogna considerare perciò quanto il bambino abbia bisogno di gratificazioni immediate. Per ovviare al problema il genitore può fabbricare lui stesso dei piccoli animali e poi farli decorare successivamente al bambino.

Per quest'ultima fase suggerisco i pennarelli, più facili da usare rispetto alle tempere e ai pennelli che richiedono vera maestria anche per un adulto, a meno che non ci si limiti a spennellare la superficie di un unico colore. Dipingere un oggetto tridimensionale, come già illustrato per le scatole, non è un'attività di immediata comprensione per i bambini. Se poi l'oggetto non è neppure regolare e geometrico risulta ancora più difficile. Sicuramente le prime volte i piccoli si limiteranno a dipingere la parte superiore dell'oggetto, e solo su richiesta del genitore completeranno quella inferiore. Sbagliando si impara.

Esistono bellissime pubblicazioni sul modellamento della pasta di sale, che entusiasmano forse più i genitori che i figli; ho personalmente sperimentato che l'interesse del bambino per questo materiale non è diverso da quello per la plastilina che indurisce. Il vantaggio della pasta di sale ovviamente è che non si deve acquistare, ma si realizza con prodotti economici e di facile reperimento. Il difetto è che il panetto così faticosamente preparato (a meno che non abbiate un'impastatrice elettrica) non sempre presenta il giusto grado di umidità, spesso è troppo appiccicoso e poco manipolabile e comunque non è eterno, anche se conservato in frigorifero avvolto da pellicola trasparente. Vale comunque la pena tentare almeno una volta con questa attività, magari per realizzare qualche lavoretto di Natale da regalare ai nonni, per esempio dei semplici portacandele o dei fruttini soprammobili.

Attenzione

In quanto a volte utilizzano oggetti di dimensioni ridotte o con parti piccole e ingoiabili, le attività proposte in questo capitolo non possono essere praticate dal bambino da solo, ma sotto la continua sorveglianza del genitore.

Giochi per fare ordine (... per finta, però)

Materiali necessari

Dai 2 ai 3 anni

Vista, tatto

Peluche
Bambole
Macchinine
Animali di plastica
Libri per bambini
Magneti da frigorifero
Bottiglie di plastica
In generale, oggetti o giochi dello stesso tipo in discreta quantità

Modalità

In aggiunta a quanto già sperimentato con pupazzi, macchinine, pennarelli, bottiglie di plastica vuote (descritto nella parte *Dalla nascita ai 2 anni*, *vedi* a p. 42), suggerisco di ampliare la scelta dei materiali grazie al fatto che si è notevolmente ridotto il rischio che il bambino possa ingerire inavvertitamente oggetti o piccole parti.

I magneti che si attaccano al frigorifero (per esempio le letterine dell'alfabeto magnetiche) possono essere composti in belle file, sinuose come trenini.

I libri per l'infanzia, ormai numerosi, potranno essere disposti sul pavimento aperti in modo da stare dritti. Il bambino, familiarizzando con il volume, imparerà ad amarlo, come gli altri suoi giochi, con la segreta speranza che non lo abbandoni nell'età scolare.

Un'attività interessante per i più grandi è il gioco della biblioteca: con i libri in bella mostra, l'adulto fingerà di volere prendere volume in prestito e chiederà consiglio al bambino, il quale gli proporrà uno dei suoi libretti.

Altra variante: la compravendita. È un gioco universale che funziona sempre, anche se noioso per il genitore. Il bambino interpreta il negoziante e l'adulto il cliente che si reca in negozio a chiedere un consiglio, per esempio: «Devo fare un regalo di compleanno a un mio amico, cosa mi propone?». Il piccolo pesca qualcosa dal mucchio di oggetti al suo fianco e lo porge al genitore in cambio di una moneta (vera o finta non importa). Il gioco prosegue fino a esaurimento della merce (o dell'adulto).

Se non ce la fate più durante la recita, pensate che si tratta di un'insostituibile opportunità di conversare con vostro figlio e di ascoltare i suoi tentativi di esprimersi. Arricchite questo dialogo con domande e complimenti.

Attenzione

In quanto a volte utilizzano oggetti di dimensioni ridotte o con parti piccole e ingoiabili, le attività proposte in questo capitolo non possono essere praticate dal bambino da solo, ma sotto la continua sorveglianza del genitore.

Giochi di fisicità

Dai 2 ai 3 anni

Tutti

Materiali necessari

Palle leggere
Foulard
Bacinelle
Triciclo
Birilli o bottiglie di plastica
(con poca acqua a mo' di contrappeso)
Pupazzi
Palloncini da gonfiare
Calzature comode
Sacco a pelo

Modalità

Ritenete validi tutti i suggerimenti e le cautele già illustrati per i giochi di fisicità nella parte *Dalla nascita ai 2 anni* (*vedi* a p. 69).

In considerazione del maggior coordinamento motorio raggiunto dal bambino, provate anche a lanciare una palla morbida in una bacinella posata a terra, tipo basket. Siate pronti a supportare verbalmente con parole incoraggianti una serie di numerosi colpi a vuoto. Se l'insuccesso dovesse però diventare troppo frustrante per il bambino, proponetegli un'altra attività.

Un gioco serale che appassiona ancora oggi mia figlia è quello da noi denominato del «robottino». Mio marito, imitando i movimenti lenti e meccanici di un robot cattivo, ci inseguiva per la casa (in sostituzione, potete interpretare uno zombie). Mia figlia e io ci nascondevamo nelle varie stanze, dietro le tende, dietro le porte, dietro il divano e aspettavamo che lui ci passasse accanto senza scoprirci. Dalle nostre postazioni sicure (il divano) gli lanciavamo contro oggetti leggeri e innocui, come ragni di plastica o simili.

Il gioco è ancora più bello ed emozionante se fatto al buio: si crea una stretta complicità tra inseguiti e inseguitori. Poiché la mancanza di luce può spaventare i bambini, non necessariamente piace a tutti i bambini, per cui è meglio sperimentarlo prima a luci accese.

Giochi in cui nascondersi

Materiali necessari

Luoghi in cui nascondersi
Tendoni
Divani
Ripostigli
Box doccia

Dai 2 ai 3 anni

Tutti

Modalità

Il gioco del nascondino è universale e intramontabile. Il gioco del robottino, illustrato nella scheda precedente, è una sua variante, paurosa.

Non rinunciate a utilizzare il box doccia solo per paura di sporcarlo con le scarpe; nascondersi in luoghi insoliti, magari con l'aiuto di mamma o papà, ha il fascino della trasgressione e aumenta l'emozione per il gioco.

Se pensate di organizzare per vostro figlio una caccia al tesoro casalinga, provate a nascondere dei pupazzi a forma di animale nelle stanze, poi disegnate e ritagliate con del cartoncino il cibo degli animali nascosti, mettendolo come indizio vicino al nascondiglio. Armate il bambino di una finta macchina fotografica (vanno molto bene anche le usa e getta in offerta nei supermercati), e la caccia al tesoro si trasformerà subito in un'emozionante indagine o in un safari fotografico.

Giochi di emulazione

Materiali necessari

Dai 2 ai 3 anni

Tutti

Vestiti da adulti
Utensili giocattolo
Piattini e posate giocattolo
Bambole e loro accessori
Animali di peluche
Cibo finto di plastica
In genere, giocattoli in commercio

Modalità

Tutti questi giochi permettono di emulare una tipica attività adulta (un «finto» lavoro) o di accudimento (con le bambole o i cani di peluche). Sono quelli in cui entrano in gioco, prepotentemente, i giocattoli in commercio: per questo motivo ritengo di non dover dedicare loro troppo spazio, ai nostri figli non mancano di certo i giocattoli. Possono comunque essere utili in molte delle attività sopra descritte. A voi la sfida di usarli con originalità. In ogni caso, raccomando di non lasciare il bambino da solo, ma di condividere il gioco con lui. Cercate un ruolo nella storia: il cliente del negozio, la cassiera, il dottore, il paziente, il padrone del cane, la maestra, l'allievo, il ladro, il poliziotto, il capotreno, il passeggero, il fotografo, il modello ecc.).

È sicuramente un gioco faticoso per il genitore, che deve impegnare fantasia ed energie, spesso in orari in cui esse sono già al lumicino. Provateci comunque, magari facendo turni veloci e chiedendo che l'altro genitore vi sostituisca spesso. Se vi piace, e piace al piccolo, potete anche provare, con vostri vestiti o accessori, a travestirvi da personaggio prescelto.

Inoltre, con i vecchi telefoni di rete (non i cellulari, per favore!) potete fingere delle conversazioni e far raccontare al bambino un sacco di cose.

Se il gioco da lui scelto, e per cui vi reclama a gran voce, è invece manuale (lavagnetta con i chiodini, puzzle in legno, le classiche costruzioni in plastica o legno ecc.), provate a praticarlo insieme senza sostituirvi a lui, ma ciascuno per conto proprio, standogli accanto.

Attenzione

Vi suggerisco di usare sempre i giocattoli secondo le istruzioni del fabbricatore, concedendovi, al più, la libertà di variare il contesto.

Giochi musicali

Materiali necessari

Tamburo giocattolo
(o barattolo di latta del caffè)
Xilofono giocattolo
Maracas
Legnetti
Bastone della pioggia
CD di canzoni per bambini

Dai 2 ai 3 anni

Udito

Modalità

Verso i 3 anni è possibile coinvolgere i bambini in attività che richiedono la produzione di suoni, anche di natura musicale.

Nel «teatro dei suoni» l'adulto inventa una storia breve che includa dei suoni (per esempio, versi di animali, tuoni, campanelle ecc.), poi consegna al bambino gli eventuali oggetti per fare i rumori (il tuono si riproduce schiacciando con la mano un bicchiere di plastica, i passi battendo una grossa scarpa). L'adulto legge lentamente la storia e il bambino fa il rumorista.

Questa attività necessita di un pubblico (l'altro genitore, i nonni, i compagni di scuola...) e perciò può essere proposta con successo durante le feste di compleanno.

Giochi con il computer

Materiali necessari

Giochi interattivi per bambini
di età inferiore ai 3 anni

Dai 2 ai 3 anni

Tutti

Modalità

Per i giochi cosiddetti «educativi» con il computer, valgono le medesime considerazioni fatte per i giocattoli in commercio. Vanno scelti con attenzione e assolutamente provati prima dal genitore da solo. Vanno centellinati, anche se il bambino li reclamerà spesso, perché magari vede voi sempre al computer.

Non faccio parte della scuola di pensiero che li demonizza a ogni costo. L'importante è che non presuppongano solo intrattenimento o sfida, ma insegnino a riconoscere le lettere, i numeri, o a muovere il mouse in maniera coordinata. Sono piacevoli quelli in cui si disegna, magari con i personaggi di cartoni animati famosi.

Attenzione

State sempre accanto al bambino; se si agita troppo o appare frustrato per gli insuccessi, proponetegli subito un altro gioco gratificante e spegnete il computer. Di sera possono innervosire e compromettere il sonno.

Libri-gioco

Materiali necessari

Libri tattili
Libri pop-up
Libri di materiali non cartacei
Album di fotografie di famiglia

Dai 2 ai 3 anni

Tutti

Modalità

Continuate indefessi a riproporre a vostro figlio i libri-gioco già sperimentati nei primi mesi di vita. Molti diventeranno per lui un amico. Se i volumi sono presi in prestito dalla biblioteca cittadina iniziate a insegnare al vostro bambino l'importanza della cura degli oggetti altrui.

Televisione

Materiali necessari

Televisione o computer con lettore Dvd
Dvd di cartoni animati

Dai 2 ai 3 anni

Vista

Modalità

«Poco ma buono», diceva mia nonna, consiglio ancora attuale circa l'uso della televisione. Scegliete con cura i cartoni animati più adatti all'età di vostro figlio e non abbiate paura di censurare quelli troppo violenti o per bambini più cresciuti. Con mia figlia stipulai un patto all'età di 4 anni: se le protagoniste del cartone animato avevano un seno grande, da adulte, si cambiava canale perché la storia era destinata ai ragazzini. Così abbiamo traghettato, senza gravi conflitti, l'età delle pressanti richieste di vedere cartoni animati con protagoniste studentesse adolescenti più o meno magiche. Unica eccezione, le avventure di Scooby Doo, ma ero sicura che fosse assolutamente innocuo. È inutile ribadire che il televisore non è una baby-sitter e neppure una fata, anche se spesso ha il potere ipnotico di ricondurre alla calma persino il bambino più vivace.

Il rischio sempre in agguato è che i nostri figli finiscano per credere che quello che vedono in Tv esista davvero. Che male c'è, se sono storie positive ed educative? Mia figlia è ancora convinta oggi che la Pimpa e Pippi Calzelunghe esistano davvero. In fondo, che differenza c'è tra la Pimpa e Babbo Natale?

Attenzione

State sempre con il bambino durante la visione dei cartoni animati per rassicurarlo e rispondere adeguatamente alle sue eventuali domande (seduti accanto a lui sarebbe meglio, o almeno nella stessa stanza anche se «in altre faccende affaccendati»).

Parte terza
DAI 3 ANNI ALLA SCUOLA PRIMARIA

Il compimento dei 3 anni coincide solitamente con l'inserimento del bambino nella scuola dell'infanzia, mentre i 6 anni segnano per molti l'ingresso nella scuola primaria. Per quelli accuditi fino ai 3 anni direttamente dai genitori, dai nonni o dalla tata, la scuola dell'infanzia rappresenta la prima esperienza di vita di comunità e quindi l'incontro con una nuova realtà vissuta lontano dall'ambiente familiare, fatta di regole, condivisione di spazi e giochi, ma anche talvolta di scontri e incomprensioni. Il bambino traghetterà il proprio temperamento e le proprie abitudini nel nuovo luogo di accoglienza, modificando gradualmente il proprio comportamento, affinando competenze e sensibilità, imparando ogni giorno cose sconosciute e vivendo più o meno serenamente questa esperienza di crescita. Vi stupirete talvolta della facilità con cui le educatrici condurranno il piccolo verso traguardi evolutivi importanti, riuscendo là dove noi genitori siamo miseramente falliti (aspettare con pazienza il proprio turno, sedersi a richiesta, mangiare da soli, lavarsi le mani ecc.).

Durante i 3 anni di scuola dell'infanzia verranno sicuramente proposte al bambino numerose e piacevoli attività manuali, pittoriche, musicali e motorie quali componenti essenziali del programma formativo scolastico.

Quanta emozione per i genitori vedere il proprio figlio recitare poesie o cantare in coro con gli altri compagni in classe per la festa di Natale, e poi reclamare un abbraccio reggendo in mano il preziosissimo lavoretto fatto tutto da solo (e con la complicità di infaticabili maestre). Il desiderio di sperimentare e realizzare in prima persona diventa a questo punto una delle principali motivazioni delle azioni del bambino. Assecondatelo.

Le attività proposte nelle pagine seguenti sono state suddivise per età e per argomento, al fine di agevolare la lettura e la consultazione della guida, dando un taglio «enciclopedico» a questa terza e ultima parte.

Nulla vieta di proporre anche ai bambini più grandi i laboratori illustrati per i più piccoli, coinvolgendoli maggiormente nella preparazione o lasciandoli agire con autonomia nell'esecuzione. Viceversa, alcune attività dei grandi possono essere realizzate, con le dovute cautele, anche con i più piccoli, purché il risultato atteso sia proporzionale alle loro capacità reali.

Poiché molte delle esperienze qui proposte prevedono la realizzazione da parte del bambino di un oggetto, non dimenticate di rafforzare la componente di gratificazione dell'attività mostrando di apprezzare il risultato di tanta fatica con commenti precisi e mirati (non basteranno un generico «Bello» o «Bravo»; meglio «Lo hai colorato molto bene» oppure «Mi serviva proprio per il mio ufficio»).

I suggerimenti per i giochi di gruppo sono pensati soprattutto per le ricorrenze come i compleanni e hanno lo scopo di coinvolgere e divertire tutti i bambini presenti.

3 ANNI

Mia figlia iniziò a frequentare l'asilo nido all'età di 9 mesi.

Credevo che il passaggio alla scuola dell'infanzia sarebbe stato una passeggiata. Il mio ottimismo naufragò subito il primo giorno di inserimento quando, allo scoccare dell'ora concordata per il ritiro, arrivai in aula e la vidi di spalle in mezzo alla stanza, in posa statuaria, con il sedere tutto bagnato mentre un tifone di bambini urlanti le rimbalzava intorno. Chi dice che l'infanzia è l'età beata e senza problemi forse non è mai andato all'asilo.

Con il trascorrere dei giorni la situazione si è progressivamente rasserenata, come è naturale che accada: assistetti con trepidazione all'instaurarsi del legame con le insegnanti, poi dei primi rapporti privilegiati con gli altri bambini, a volte accondiscendenti, a volte dei leader tirannici.

La piccola stava crescendo, e non solo in altezza.

Gli scarabocchi divennero disegni, gli esperimenti di arte culinaria dei momenti di festa, i giochi delle avventure.

Anch'io iniziai a stringere amicizia con le altre mamme, complici i minuti di attesa fuori dal portone della scuola. Ci furono i primi inviti alle festicciole di compleanno in strutture apposite (parchi giochi con gonfiabili, giostre, ludoteche); si fece largo per la prima volta in mia figlia il bisogno di essere come gli altri, di avere le stesse cose e di parlare di cose conosciute da tutti (giocattoli e cartoni animati). La rete relazionale divenne complessa, con gioie e delusioni. Mi accorsi di non essere sempre in grado di dare le risposte adeguate a mia figlia, che soffriva per il comportamento scorretto di qualche compagno. Come spiegarle che i bambini non sono tutti uguali e che alcuni fanno cose sgradevoli perché sono tristi e non perché vogliono veramente rendere tristi gli altri? Ci provai comunque, ascoltandola a lungo e regalandole parole e gesti di comprensione.

Torta più pazza del mondo

Materiali necessari

Farina di frumento
Fecola di patate o mais
Uova
Zucchero
Latte
Uvette o canditi
Cioccolato in scaglie
Yogurt
Burro fuso tiepido
Lievito per dolci
Posate
Ciotole infrangibili di varie misure
Grembiule
Carta forno
Stampo per dolci

3 anni

Cucina

Festa del papà, festa della mamma, compleanno

Modalità

Ricoprite il tavolo della cucina con una tovaglia lavabile, proteggete il bambino con un grembiulino, poi mettetegli a disposizione gli ingredienti sopra indicati, le ciotole infrangibili e i cucchiai, spiegandogli che volete preparare una torta per festeggiare il familiare di cui ricorre la festa o il compleanno. Lasciate che travasi e mescoli a piacimento i cibi in una ciotola grande, sia con le posate che con le mani.

Dosategli solo il lievito per dolci e rompetegli le uova, suggerendogli di aggiungere qualche ingrediente, se vi sembra decisamente indispensabile o insufficiente come quantità. Realizzato un impasto di consistenza adeguata, fateglielo versare nello stampo per dolci preventivamente rivestito di carta forno. Spiegategli che il forno è caldo e lo sportello può essere aperto solo da un adulto.

Ritirate la torta nel forno preriscaldato e ringraziatelo del preziosissimo aiuto. A questo punto, stanco e soddisfatto, vorrà sicuramente tornare da uno dei suoi soliti giochi, ma si interromperà spesso per andare a controllare dal vetro dello sportello la cottura del suo capolavoro culinario.

Il «fortunato» destinatario della torta dovrà sicuramente lodarne le qualità e mostrare (o fingere) di gustarla con soddisfazione.

La vostra cucina uscirà provata dall'esperienza, ma sicuramente questo vi aiuterà, in altre successive occasioni, a coinvolgere il bambino in parecchie, anche se modeste, attività domestiche.

Attenzione

Siate fermi nel vietare al piccolo di toccare o aprire lo sportello del forno.

Biscotti di Natale

Materiali necessari

Pasta frolla (o sfoglia) pronta
Stampi per biscotti di Natale
Codine o palline di zucchero colorate
Carta forno
Teglia da forno

3 anni

Cucina

Natale

Modalità

Stendete la pasta frolla (o srotolate la pasta sfoglia) secondo le istruzioni sulla confezione. Mostrate al bambino come usare le formine, aiutandolo eventualmente a premere sulla pasta con la mano in modo uniforme.

Disponete i biscotti ritagliati sulla teglia ricoperta di un foglio di carta forno e fate aggiungere al bambino le decorazioni colorate sulla superficie del biscotto. Cuocete nel forno preriscaldato secondo le istruzioni sulla confezione.

Attenzione

Siate fermi nel vietare al piccolo di toccare o aprire lo sportello del forno.

Macinabiscotti

Materiali necessari

Vecchio macinacaffè
a manovella
Imbuti
Barattoli di vetro con coperchio
Fette biscottate

3 anni

Cucina

Ogni giorno

Modalità

Sminuzzate grossolanamente le fette biscottate e inserite le briciole nel macinacaffè. Fate girare al bambino la manovella. Versate la polvere ottenuta nei barattoli di vetro con l'imbuto. Conservateli per qualche giorno prima di gettarli, perché sicuramente vi chiederà di vederli.

Pizza pazza

Materiali necessari

Base per pizza pronta rotonda
Teglia da forno
Carta forno
Peperoni rossi e gialli
Uovo sodo
Mais
Olive nere e verdi
Formaggio a fette
Olio di oliva

3 anni

Cucina

Ogni giorno, compleanno, Halloween

Modalità

Stendete la base per pizza sulla teglia ricoperta di carta forno e mettete a disposizione del bambino i peperoni tagliati a listarelle spesse e sottili, l'uovo sodo a fettine rotonde, le olive e qualsisi altro ingrediente vi possa ispirare. Dotatelo di un coltello di plastica e di un tagliere, nel caso in cui volesse ridurre il cibo in porzioni o forme diverse. Eventualmente, possono essere utili degli stampi per biscotti per ritagliare il formaggio a fette. Invitatelo a comporre una faccia buffa o mostruosa a seconda della ricorrenza.

Permettetegli di assaggiare gli ingredienti prima di disporli. Completate con un filo di olio e infornate la pizza pazza nel forno preriscaldato secondo le istruzioni della confezione di pasta pronta.

Controllate periodicamente la cottura. Sfornate, tagliate a fette e servite. Buon appetito.

Attenzione

Siate fermi nel vietare al piccolo di toccare o aprire lo sportello del forno.

Budino

Materiali necessari

Composto per budino pronto
Latte (anche di soia o di riso)
Bicchiere graduato
per la misura dei liquidi
Attrezzi da cucina
Pentolino
Stampo per budino

3 anni
Cucina
Ogni giorno

Modalità

Disponete gli ingredienti sul tavolo e poi leggete ad alta voce al bambino le istruzioni riportate sulla confezione. Invitatelo a versare gli ingredienti solidi e liquidi nella giusta sequenza.

Mostrategli come misurare questi ultimi con il bicchiere graduato e fateglieli mescolare a freddo. L'adulto provvederà solo alla cottura e al travaso nello stampo.

Preparatevi a intrattenere con altri giochi il bimbo in attesa che il budino si raffreddi.

Attenzione

Durante la cottura tenete il piccolo lontano dai fornelli.

«Rullo il cielo»

Materiali necessari

3 anni

Disegno

Ogni giorno

Foglio lungo da disegno (realizzato incollando dei fogli formato A3 o A0, anche di recupero)
Rullo di spugna da disegno (o pittura murale)
Manico di allungatura (realizzato con un bastone di recupero)
Vaschetta di alluminio
Colori a tempera
Pennarelli
Nastro adesivo di carta
Giornali vecchi o sacchetti dell'immondizia condominiali
Asciugacapelli

Modalità

Stendete sul pavimento il lungo foglio di carta, proteggendo preventivamente il pavimento con fogli di giornale o sacchetti dell'immondizia condominiali che avete fissato con il nastro adesivo di carta.

Preparate il rullo fissando un manico leggero della lunghezza adatta a essere impugnato e usato dal bambino in piedi. Nelle vaschette di alluminio diluite i colori a tempera. Invitate il piccolo a intingere il rullo nelle vaschette e a rotolarlo sul foglio per disegnare un paesaggio infinito. Aiutatelo se appare in difficoltà accompagnando le sue mani.

Mia figlia fece questo gioco con grande entusiasmo, al grido di: «Mamma, rullo il cielo!». Il paesaggio, una volta asciutto, può essere completato con personaggi disegnati a pennarello. Se il piccolo ha fretta di terminare il disegno, utilizzate un asciugacapelli per accelerare l'asciugatura.

Attenzione

Suggerisco di proteggere il bambino con un grembiulino e utilizzare abiti vecchi che si possano tranquillamente rovinare.

Ritratto gigante

Materiali necessari

Foglio grande da disegno (realizzato incollando dei fogli formato A3 o A0, anche di recupero) di dimensioni tali da contenere il bambino sdraiato
Pennarelli
Colori a cera

3 anni
Disegno
Ogni giorno

Modalità

Stendete sul pavimento il foglio di carta gigante fissato con il nastro adesivo di carta. Fateci sdraiare sopra il bambino, in modo che lo occupi al centro con braccia e gambe leggermente divaricate e dita ben divaricate. Spiegategli che ripasserete il suo contorno con un pennarello, come per il ritratto della mano (potrebbe quindi essere utile provare prima questo gioco con lui), e che forse gli farete un po' di solletico. Pregatelo di rimanere perfettamente immobile. Dopo aver tracciato il contorno, aiutate il bambino ad alzarsi in modo che il foglio non si danneggi. Mostrateglielo dicendogli che è il suo ritratto e invitatelo a completare il viso e a colorare i vestiti; per le parti più ampie può essere utile e più veloce l'uso dei pastelli a cera al posto dei pennarelli.

Attenzione

Potete ripetere l'attività a distanza negli anni, conservando i risultati per far notare al bambino la sua crescita.

Spago colorato

Materiali necessari

Spago un po' grosso di fibra vegetale
Pennarelli
Vecchi giornali

3 anni
Disegno
Ogni giorno

Modalità

Mostrate al bambino lo spago, stendetelo per un buon tratto su un tavolino ricoperto di giornali e chiedetegli di colorarlo con i pennarelli. Incoraggiatelo, in modo che lo colori per tutta la lunghezza. Quando riterrete di aver finito, tagliatelo e legatelo alle gambe dei tavoli, al lettino, alle sedie, a qualsiasi mobile il piccolo gradirà «marchiare» con il suo spago. Lasciatelo provare ad annodarlo da solo; per agevolarlo potete tagliare subito lo spago in tanti pezzi più corti. Suggerisco però di aspettare, perché il bambino potrebbe gradire di più arrotolarlo tutto attorno a un solo mobile.

Stencil opposti

Materiali necessari

Cartoncino bianco di recupero delle confezioni di merendine
Matita
Gomma da cancellare
Forbici
Spugne per i piatti
Colori a tempera
Fogli bianchi formato A3, anche di recupero

3 anni
Disegno
Ogni giorno

Modalità

Disegnate sul cartoncino le sagome semplici di oggetti comuni o animali (per esempio, cuore, nuvola, farfalla, albero di Natale, pesce, cammello, fiore con un buco al centro per il pistillo, luna, sole, foglia...). Invitate il bambino a scegliere la sagoma preferita per posizionarla sul foglio. Tenetela ben ferma mentre lui la tampona con la spugna intrisa di colore. Lasciate asciugare qualche minuto e poi sollevate lentamente la sagoma. Otterrete degli stencil al contrario che, una volta ben asciutti, il bimbo potrà completare con dettagli tracciati a pennarello. Per accelerare l'asciugatura potete utilizzare un asciugacapelli.

Attenzione

Questa attività può essere proposta anche al bambino più grande, invitandolo a disegnare e ritagliare direttamente le sagome.

Modern art

Materiali necessari

Cartone grande di imballaggio
delle uova
Pennelli
Colori a tempera
Bicchieri di plastica
Grembiule di protezione

3 anni

Disegno

Ogni giorno

Modalità

Preparate i colori a tempera nei bicchieri di plastica e fate dipingere al bambino il cartone a piacimento in tutti i suoi anfratti.

Attenzione

Suggerisco di indossare dei grembiuli per proteggere i vestiti dalle macchie di colore.

Bolle di sapone giganti

Materiali necessari

Bottiglia di plastica
dell'acqua minerale
Sapone liquido per piatti di
buona qualità
Sciroppo per bibite (tipo alla menta)
Glicerina liquida
Imbuto
Bacinella
Cerchi grandi (da realizzare anche con filo di ferro)

3 anni

Giochi all'aperto

Ogni giorno

Modalità

La ricetta da me sperimentata per produrre liquido per bolle in grossa quantità è risultata abbastanza efficace: in una bottiglia di plastica mescolate 10 bicchieri di acqua con 4 bicchieri di sapone liquido per piatti di buona qualità e 1 di sciroppo per bibite.

Consiglio di aggiungere anche qualche cucchiaio di glicerina liquida (acquistabile in farmacia).

Rispettate le dosi. Lasciate riposare la bottiglia aperta alcuni giorni.

Per fare bolle grandi, usate cerchi grandi che immergerete nel liquido versato in ampie bacinelle e che farete sventolare di corsa.

Attenzione

Suggerisco di non provare il gioco sui pavimenti piastrellati, perché il liquido saponoso li rende molto scivolosi. Meglio su un prato.

Alla ricerca dell'oggetto perduto

Materiali necessari

Un oggetto di uso comune appartenente al genitore o alla casa (maglione, scarpe, chiavi, occhiali, orologio ecc.)

3 anni

Giochi in casa

Ogni giorno

Modalità

Ai bambini piace molto cercare cose scomparse o nascoste. È una variante del tradizionale «acqua-fuoco» con l'aggiunta della soddisfazione di essere utili a mamma o papà. Posizionate l'oggetto prescelto (per esempio una scarpa, un maglione, un orologio, gli occhiali) nella stanza in modo che non sia subito visibile (per esempio, sotto il letto, sotto un cuscino ecc.), ma tale che possa essere notato e recuperato dal bambino.

Chiedetegli di aiutarvi, spiegandogli che per voi è assolutamente necessario e urgente ritrovarlo. Il piccolo si appassionerà molto alla ricerca fatta insieme, tanto che non si accontenterà di quell'unico oggetto ma vi chiederà sicuramente se ne avete persi altri. Siate pronti a coinvolgerlo subito in un'altra ricerca.

Percorso interrotto

Materiali necessari

Nastro adesivo di carta
Pennarelli
Riproduttore di musica portatile

3 anni

Giochi in casa

Ogni giorno, compleanno

Modalità

Il gioco è stato sperimentato con successo in alcune feste di compleanno. Si tratta di tracciare un percorso tortuoso sul pavimento con il nastro adesivo di carta ai cui bivi aggiungere frecce disegnate con il pennarello. Si dispongono in fila indiana i bambini e il capofila (meglio se un adulto) porta con sé il riproduttore musicale. Finché la musica suona si procede «in equilibrio» sul nastro adesivo; quando viene interrotta bisogna fermarsi immobili nella propria posizione. È più difficile di quello che sembra, ma molto divertente e consente di far giocare insieme anche bambini di età diverse. Nulla vieta di provarlo inoltre con un bambino solo.

Spruzza la candela

Materiali necessari

Candele grosse di forma massiccia
Spruzzino per bucato

3 anni

Giochi in casa

Ogni giorno, compleanno

Modalità

Meglio se disponete di un giardino o di un posto all'aperto, ma il gioco può essere fatto anche in bagno (che però poi vi toccherà asciugare).

Sul bordo della vasca o del lavandino disponete in una posizione stabile le candele (più di una, perché dopo essere state spente la prima volta non sempre si riaccendono), fatele accendere da un adulto, poi invitate il bambino a prendere la mira e sparare con lo spruzzino per bucato per spegnere la fiamma. Se il getto dello spruzzino sarà molto nebulizzato difficilmente riuscirete a spegnere la candela al primo colpo (pazienza: ritentate quel tanto che basta); se invece sarà più concentrato si spegnerà subito.

Attenzione

L'uso del getto concentrato richiede un'ottima mira, che difficilmente possiede un piccolo di 3 anni. Il gioco va condotto sempre sotto la supervisione di un adulto.

Gelatina colorata

Materiali necessari

Fogli di colla di pesce (o agar-agar)
Coloranti alimentari
Ciotole di plastica

3 anni

Giochi in casa

Ogni giorno, Halloween

Modalità

Con la colla di pesce (o l'agar-agar) fate un budino di sola gelatina, magari colorandolo con i coloranti alimentari. Poi lasciate infilare le mani al bambino in questa meraviglia viscida e bagnata (altro che *Skifidol*!). Non vi pentirete. In alternativa, potete inserire nella miscela pezzi di frutta tipo fragole o mele, per farli trovare poi al bambino come in una caccia al tesoro. È un gioco divertente da proporre ad Halloween nascondendo il contenitore con un telo e invitando i più coraggiosi a immergere le mani nella bava di orco.

Attenzione

Lasciate raffreddare e solidificare la miscela fuori dal frigorifero, oppure tiratela fuori qualche ora prima del gioco affinché non sia troppo fredda.

In alternativa alla colla di pesce, potete usare l'agar-agar, un prodotto di origine vegetale che si presta altrettanto bene all'uso, basterà seguire le indicazioni sulla confezione.

Attaccastorie

Materiali necessari

Carta bianca
Pennarelli
Forbici
Cartoncino grande formato poster
Nastro biadesivo

3 anni
Giochi in casa
Ogni giorno

Modalità

Disegnate in bianco e nero i personaggi delle fiabe note al bambino (Cappuccetto Rosso, Biancaneve, il lupo e i sette capretti, i tre porcellini). Appendete il cartoncino grande a una parete. Mostrate al bambino le figure ritagliate e mescolate, e chiedetegli di prendere solo quelle di una certa fiaba. Invitatelo a colorarle e poi a incollarle con il nastro biadesivo sul poster in modo che siano tutte vicine. Proseguite fino all'esaurimento dei personaggi. Nel caso alcuni di loro fossero comuni a più favole, come il lupo cattivo, dovete disegnarne in numero adeguato.

Attenzione

Il genitore che trovasse impegnativo disegnare i personaggi può anche ricorrere a immagini ricalcate da illustrazioni di libri o stampate dal Web.

Caccia alle impronte

Materiali necessari

Fogli di carta formato A4, anche di recupero
Pennarelli
Pupazzi o giochi raffiguranti gli animali
Macchina fotografica (anche giocattolo o usa e getta)

3 anni
Giochi in casa
Ogni giorno

Modalità

Nascondete gli animali per casa, lasciando vicino a ogni nascondiglio un foglio su cui avrete disegnato le impronte dell'animale corrispondente. Invitate il bambino a un safari fotografico: lasciate che sia sempre lui a trovare e riconoscere le impronte e scoprire l'animale da fotografare.

Agenda dei giorni speciali

Materiali necessari

Agenda
Etichette adesive
Pennarelli

3 anni

Giochi in casa

Natale, Capodanno

Modalità

Il gioco può rivelarsi molto utile nel caso di bambini che chiedono e pretendono in ogni occasione di ricevere regali da parte dei genitori e soprattutto dei nonni. Il periodo ideale per realizzarlo è l'inizio dell'anno.

Invitate vostro figlio a colorare le etichette con un colore definito (per esempio, rosso = mamma, blu = papà, verde = nonna ecc.) e poi ad attaccarle a caso in corrispondenza di vari giorni dell'anno. Spiegategli che solo durante i giorni etichettati potrà chiedere e ottenere un piccolo regalo dalla persona indicata dal colore. Ovviamente aggiungerete voi delle etichette nei giorni già tradizionalmente dedicati ai doni, come il compleanno, Natale, Epifania ecc.

Si rivelerà uno strumento utile per cercare di dettare e far rispettare al bambino regole precise in merito ai regali e aiuterà i nonni a dire di no di fronte a capricci insistenti. Preparate un'agenda con i giorni speciali per ogni familiare coinvolto.

In alternativa, l'agenda può essere fatta recapitare al bambino ogni inizio anno per posta (basta inserirla in una busta corredata del nome del bimbo da imbucare direttamente nella vostra cassetta delle lettere) come se fosse un regalo del Fato (o di Babbo Natale, della Befana, del sindaco ecc.) che ha scelto per lui i giorni speciali.

Capanna in casa

Materiali necessari

Sedie
Scalette di sicurezza
Coperte leggere
Teli di stoffa
Mollette da bucato

3 anni
Giochi in casa
Ogni giorno

Modalità

Con sedie, scalette di sicurezza, coperte o altro recuperati in casa, costruite insieme a vostro figlio una capanna per lui e i suoi giocattoli.

Servitegli la merenda nella capanna. Il gioco è ancora più bello se in compagnia di un amichetto. Unica «pecca»: le proteste del bambino quando prima o poi dovrete smontare il tutto.

Caccia al tesoro

Materiali necessari

Foglio di carta formato A4, anche di riciclo
Pastelli (o pennarelli)
Forbici
Premio (gioco, caramella ecc.)

3 anni
Giochi in casa
Ogni giorno

Modalità

Preparate tanti bigliettini che illustrino con chiarezza le tappe della caccia al tesoro e poi nascondeteli secondo la sequenza della mappa (per esempio, televisione, ombrello, pupazzo preferito, doccia). Consegnate al bambino il primo biglietto, spiegandogli che troverà il secondo nel posto disegnato sul foglietto. Aiutatelo a comprendere degli indizi e state sempre al suo fianco. Esultate ogni volta che trova un foglietto. Nascondete il premio nell'ultima tappa. Potete aumentare la difficoltà degli indizi proporzionalmente all'età del bambino.

Lavo i pupazzi

Materiali necessari

Pupazzi di media e piccola dimensione
Bacinella per il bucato
Bagnoschiuma
Centrifuga per l'insalata

3 anni

Giochi in casa

Ogni giorno

Modalità

Chiedete al bambino di lavare qualche suo pupazzo nella bacinella e poi di risciacquarlo. Asciugatelo con una salvietta, infine completate con la centrifuga per l'insalata.

Attenzione

Non lasciate il bambino incustodito in bagno.

Grande e piccolo

Materiali necessari

Oggetti che possedete in versione grande e piccola (orso e orsetto, bambola e bambolina, tazza e tazzina, borsa e borsettina ecc.)
2 scatoloni (o bacinelle)

3 anni

Giochi in casa

Ogni giorno

Modalità

Sul pavimento mescolate gli oggetti e invitate il bambino a separare gli oggetti grandi dai piccoli riponendoli nei due contenitori. Più oggetti ci sono, più il gioco entusiasma.

Attenzione

È un gioco utile per fissare il concetto di dimensione, che verrà introdotto poi nelle prime lezioni di matematica alla scuola elementare.

Bandiera degli animali

Materiali necessari

Cartoncino bianco leggero,
anche di recupero
delle confezioni di merendine
Nastro adesivo
Pennarelli
Spago
Pinzatrice
Fazzoletto

3 anni

Giochi di gruppo

Compleanno

Modalità

Ritagliate dei quadrati uguali dal cartoncino bianco e disegnate degli animali a coppie (mucche, tigri, leoni, maiali ecc.), tanti quanti sono i bambini partecipanti al gioco. Attaccate 2 spaghi con il nastro adesivo in modo che il cartoncino diventi il ciondolo di una collana e rinforzatelo con la pinzatrice. Annodate la collana così ottenuta al collo dei bambini, dopo aver chiesto loro che animale intendono impersonare. Il resto del gioco si svolge come il comune rubabandiera, ma vengono chiamati gli animali anziché i numeri. Anche i bimbi più piccoli, che non conoscono ancora i numeri, potranno così partecipare agevolmente al gioco.

Feltrini di Natale

Materiali necessari

Foglio da disegno nero
Feltrini adesivi bianchi
per sedie rotondi o quadrati
Forbici
Pastello bianco a matita e a cera
Cotone idrofilo
Colla vinilica

3 anni

Lavoretti di Natale

Natale

Modalità

Chiedete al bimbo di realizzare sul foglio da disegno nero un paesaggio invernale con neve e pupazzi di neve usando i feltrini adesivi e il cotone idrofilo.

I feltrini rotondi si prestano per realizzare pupazzi di neve realistici, quelli quadrati, opportunamente ritagliati lungo la diagonale, per i tetti innevati delle case. Completate il paesaggio con i pastelli bianchi.

Angeli di pizzo

Materiali necessari

3 anni

Lavoretti di Natale

Natale

Fogli di cartoncini colorati
Fogli di carta formato A4
Cartoncino bianco, anche di recupero delle confezioni di merendine
Carta pizzo per piatti da torta
Colla stick
Colla glitter
Forbici
Pastelli
Matita
Pennarelli
Spago dorato

Modalità

Sul foglio bianco preparate l'immagine di un angioletto con una lunga veste bianca e le ali e fatene un numero di fotocopie adeguato per i bambini. Se avete difficoltà con il disegno potete trovare illustrazioni appropriate in moltissimi libri sul Natale o sui siti Web.

A parte, sul cartoncino bianco, preparate le sagome dell'abito e delle ali. Fate colorare ai bambini l'angioletto con i colori tenui dei pastelli, con la matita fate ricalcare sulla carta pizzo le sagome di cartoncino delle ali e della veste, infine fate ritagliare la carta pizzo da incollare sopra l'angioletto colorato. Ripetete l'operazione 2 volte, poi ritagliate gli angioletti interi e incollateli tra loro, con lo spago dorato in mezzo per appendere l'addobbo. Aggiungete glitter a piacere. Se il bambino si annoia o è in difficoltà, limitatevi a realizzare un solo angioletto.

Attenzione

L'addobbo può essere utilizzato anche come decorazione per originali biglietti d'auguri realizzati ripiegando in 2 un cartoncino colorato e incollando sulla pagina anteriore l'addobbo.

Se il bambino è piccolo o in difficoltà, dategli una mano nella fase di ricalco e ritaglio.

Mimo puzzone

3 anni

Teatro

Ogni giorno

Materiali necessari

Nessuno

Modalità

Ai bambini piace che un adulto li diverta con mosse clownesche. Mia figlia ride a crepapelle quando faccio finta di annusarmi o annusarle i piedi facendo buffe espressioni per la finta puzza.

Il gioco può diventare un simpatico saluto serale prima della buonanotte. I bambini più grandicelli vi chiederanno di poter fare anche loro il medesimo show. Ridete insieme a loro.

4 ANNI

A 4 anni non si è i più piccoli della classe, ma nemmeno i più grandi. I bambini scoprono con orrore che i compagni conosciuti il primo anno e usati come fari nella nebbia, sono scomparsi, mentre nuovi bambini piagnucolosi si aggirano per l'aula. C'è da augurarsi che almeno le insegnanti siano rimaste le stesse, altrimenti lo spaesamento è veramente totale.

Non preoccupatevi: i nostri figli ce la faranno anche questa volta. Diverranno maggiormente esigenti nelle amicizie e anche con se stessi. Vi chiederanno di invitare a casa i compagni per giocare e nelle attività saranno i giudici più severi del risultato.

È essenziale come non mai lodare i loro progressi in ogni campo.

Vestiti di carta

Materiali necessari

Bambole (tipo Barbie)
Carta da regalo usata
Tovaglioli
Forbici
Nastro adesivo
Pinzatrice

4 anni
Cartonnage
Ogni giorno

Modalità

Chiedete alla bambina di fabbricare dei nuovi vestiti alla sua bambola con la carta colorata. Aiutatela nelle fasi pù difficili, come pinzare, e preparatele pezzetti di nastro adesivo pronto che attaccherete al bordo del tavolino. L'abito più facile da realizzare è ovviamente la gonna, ma anche con lunghe strisce avvolte attorno al busto si possono fare strani top o turbanti, nonché accessori come cappelli e borse.

Spiegatele che sono vestiti molto fragili, e che prima o poi si romperanno, ma potranno essere sempre rifatti di nuovo.

Bastone della pioggia

Materiali necessari

4 anni

Cartonnage

Ogni giorno

Tubo di cartone di recupero
da rotolo di carta alluminio
o pellicola da cucina
Chiodi con capocchia grande
(tipo quelli con capocchia in ottone per i quadri)
di lunghezza minore del diametro del tubo
Carta da regalo di recupero
Colla vinilica
Pennarelli
Nastro adesivo di carta
Riso (o pastina)

Modalità

Preparate il tubo infiggendo tanti chiodini per tutta la sua lunghezza e in modo da utilizzare tutta la superficie uniformemente. Invitate il bambino a decorarlo secondo il suo gusto con i pennarelli o un collage di carta da regalo. Completate chiudendo una delle basi del tubo con un pezzo di carta da regalo e il nastro adesivo di carta. Con un cucchiaio, fate inserire al bimbo il riso o la pastina (4 cucchiai da cucina) nel tubo. Richiudete anche l'ultima base. Capovolgetelo e ascoltate il suono.

Attenzione

Non fate introdurre al piccolo le dita nel tubo, perché potrebbe pungersi con i chiodini.

Statua tribale

Materiali necessari

Contenitori di plastica
(dello shampoo o dei saponi liquidi con collo)
Giornale
Nastro adesivo
Carta da cucina bianca
Colla vinilica
Pennello
Pennarelli

4 anni

Cartonnage

Ogni giorno

Modalità

L'adulto prepara la statua di cartapesta realizzando una sagoma stilizzata con il contenitore, il giornale arrotolato a formare le braccia attaccate con nastro adesivo e una pallina di carta a formare la testa. Rivestite la sagoma con carta da cucina spennellata di una soluzione di colla vinilica diluita con un po' di acqua, facendo almeno 2 strati. Lasciate asciugare 2 giorni. Fate decorare al piccolo la statuetta con i pennarelli.

Se il bambino è più grande (5-6 anni) può cimentarsi anche nella preparazione della sagoma di cartapesta.

Attenzione

La statua di cartapesta va preparata e lasciata asciugare qualche giorno prima della colorazione.

Animali mobili

Materiali necessari

Cartoncino bianco di recupero delle confezioni di merendine (o cartoni ondulati di recupero delle confezioni di biscotti o crackers)

4 anni

Cartonnage

Ogni giorno

Fogli di carta formato A4, anche di recupero
Pennarelli
Fermacampioni
Colla in stick
Forbici

Modalità

Preparate il disegno semplificato di animali (leoni, elefanti, maiali...) con zampe molto grosse e massicce a salsicciotto. A parte, su un secondo foglio ripetete le quattro zampe a salsicciotto. Se il bambino è più grande e autonomo può farlo da solo, partendo da un esempio mostrato dagli adulti. Fategli colorare il disegno a piacimento e poi ritagliare le parti del corpo e delle zampe in modo che quelle del secondo foglio a forma di salsicciotto restino intere. Le zampe attaccate all'animale vanno tagliate via. Incollate sul cartoncino le parti colorate e ritagliate nuovamente. Assemblate corpo e zampe avendo cura di forarli in modo da permettere il passaggio del fermacampione, uno per zampa.

Apritelo e muovete le parti. Se il bambino è più grande può aumentare il numero delle parti in movimento (ali, coda ecc.).

Cornici portafotografia

Materiali necessari

4 anni
Cartonnage
Ogni giorno

Cartoncino bianco di recupero delle confezioni di merendine
Cartone ondulato di scatoloni da imballaggio
Carta da regalo di recupero
Vecchi francobolli
Bottoni
Conchiglie
Semi
Pennarelli
Forbici
Colla stick
Colla vinilica
Fotografia (o cartolina postale)

Modalità

Preparate sul cartoncino e sul cartone 2 rettangoli ben più ampi della fotografia che intendete incorniciare. Su quello bianco disegnate una cornice di poco più grossa della fotografia da incorniciare e ritagliatela. Con il cartone ondulato ritagliate anche la base e il piedistallo per la cornice, ricalcando la forma dai portafotografia che tutti abbiamo ricevuto in dono per la nascita o le nozze, e incollatela sul retro della base con la colla vinilica.

Se il bambino è più grande, potete farvi aiutare anche in queste fasi, altrimenti preparate in anticipo le parti di cartoncino e cartone. Fategli decorare a piacimento la cornice esterna con disegni o collage. Utilizzate la colla stick per la carta e la colla vinilica per gli oggetti. Lasciate asciugare la colla e poi incollate la fotografia sul cartone ondulato, sovrapponete e incollate la cornice in cartoncino decorata, infine esponetela.

Attenzione

Ottimo regalo per i nonni, con una fotografia del loro nipotino.

Lanterna di carta

Materiali necessari

4 anni

Cartonnage

Ogni giorno, Natale

Foglio di carta formato A3 non usato
Fermacampioni
Pennarelli
Forbici
Spago dorato
Cartoncino bianco, anche di recupero delle confezioni di merendine
Pinzatrice metallica
Matita
Gomma

Modalità

Preparate tante strisce di carta bianca di 3 cm di spessore, ritagliando il foglio A3 per il lato lungo: considerate almeno 7 strisce per lanterna. Fatele decorare a piacimento al bambino, poi con la punta di una matita affilata praticate un piccolo foro alle due estremità di ogni striscia, a circa 3 cm dal bordo. Per sicurezza appoggiate la striscia sulla gomma quando la forate con la matita.

Fate infilare un fermacampione nei due fori e apritelo. Tirate lo spago dorato legato a un fermacampione avvicinando i due estremi delle strisce in modo da formare una mezzaluna. Fermate lo spago con un nodo al secondo fermacampione e distribuite le strisce a raggiera, creando la lanterna.

Prima di fissare le strisce definitivamente con qualche punto metallico, al centro dello spago può essere incollata un'immagine decorativa di cartoncino disegnata e colorata dal bambino.

Attenzione

Per ottenere un risultato migliore e più solido, le strisce di carta vanno realizzate con cartoncino leggero colorato, che può essere acquistato in cartoleria o nei magazzini della carta. In questo caso è più difficoltoso forare la striscia con la matita, perciò vi suggerisco di utilizzare un chiodino, un martello e un piccolo supporto di legno su cui infiggere il chiodo.

Bandiere di tovaglioli

Materiali necessari

Tovaglioli di carta colorati con soggetti per bambini
Cannucce
Colla vinilicaa

4 anni
Cartonnage
Compleanno

Modalità

Fate scegliere al bambino il tovagliolo preferito. Invitatelo ad aprirlo a metà, poi posizionateci una cannuccia come asta, versando abbondante colla vinilica su quest'ultima e nei due angoli esterni del tovagliolo. Richiudetelo e fate asciugare la colla: la bandierina è pronta per essere sventolata.

Segnalibri

Materiali necessari

Cartoncino colorato
Pennarelli
Forbici
Righello

4 anni
Cartonnage
Ogni giorno

Modalità

Con l'aiuto di un righello, ritagliate dal cartoncino colorato tante strisce di larghezza uguale. Fate decorare a piacimento i segnalibri.

La mappa della mia strada

Materiali necessari

Fogli di carta formato A3, anche di recupero
Colla stick
Nastro adesivo di carta
Pennarelli
Fogli di giornale

4 anni
Disegno
Ogni giorno

Modalità

L'attività prevede di disegnare la mappa di una strada che può essere inventata, oppure quella da casa a scuola o da casa propria a quella dei nonni o ancora un'altra meta abituale che il bambino solitamente percorre a piedi. Predisponete un foglio lungo ricavato incollando alcuni fogli formato A3. Posizionatelo e ancoratelo a terra in uno spazio in cui il piccolo possa agevolmente inginocchiarsi e disegnare per tutta la sua lunghezza.

Spiegategli cosa dovrà disegnare e aiutatelo all'inizio tracciando i due binari che rappresentano la strada, ricordando con lui tutto ciò che incontra di solito lungo questo percorso. Indicategli la partenza e l'arrivo; se è in difficoltà, disegnate con lui questi due elementi, poi incoraggiatelo a completare il resto.

Il bambino sicuramente mescolerà fantasia a realtà e magari vi sorprenderà chiedendovi di poter appoggiare sulla strada le sue macchinine o i suoi giochi preferiti (mia figlia popolava la strada con i Puffi). Giocate e disegnate con lui, se lo chiede, sdraiati vicino, ma senza mai invadere il suo spazio di disegno. Il risultato sarà sicuramente sorprendente.

Questa attività richiede che il piccolo abbia già una discreta dimestichezza con il disegno e può essere riproposta anche negli anni successivi. Se siete in compagnia di più bambini, può essere presentata come esperienza collegiale utile per far capire loro qual è lo spazio di disegno consentito e quello degli altri, che non va invaso.

Attenzione

Per evitare che il pavimento venga danneggiato dalle macchie dei pennarelli, sotto al foglio da disegno predisponete dei fogli di giornale, ben ancorati con il nastro adesivo di carta.

Ritratti fotografici

Materiali necessari

Fotocopie delle fotografie
dei primi piani del bambino
e dei familiari

- 4 anni
- Disegno
- Ogni giorno

Modalità

Fotocopiate a dimensioni ingrandite le fotografie del bambino, dei suoi amici e dei familiari o delle persone a lui note. Disponetele su un tavolo e fategli scegliere le sue preferite, poi invitatelo a colorarle.

È un'attività da fare insieme, ognuno con le immagini scelte. Come variante, se il piccolo mostra di annoiarsi, è possibile aggiungere alcuni dettagli buffi (tipo nasi rossi da pagliaccio, occhialoni, orecchie grandi o altri particolari animaleschi), trasformando i primi piani in divertenti caricature.

Pittura su stoffa

Materiali necessari

Maglietta (o fazzoletto) bianca
Pennarelli per stoffa

4 anni

Disegno

Ogni giorno

Modalità

I pennarelli per stoffa si utilizzano come i normali pennarelli. La maglietta va preparata con un cartoncino all'interno, per tenere teso il tessuto e facilitare le operazioni di disegno e colore. Nel caso utilizziate un fazzoletto, suggerisco di ancorarlo al tavolo con nastro adesivo di carta. La maglietta può essere della misura del bambino oppure, se un regalo, della misura di colui che, anche adulto, la riceverà in dono (per esempio, una maestra, il papà ecc.).

Invitate il bambino a pensare a un soggetto da disegnare affinché provi a «progettare» l'opera prima di realizzarla. Guidatelo con domande semplici: «Cosa ti piacerebbe disegnare? Un animale, persone o cose?»; «Vorresti scrivere anche il tuo nome?»; «In questo bel paesaggio vuoi aggiungere ancora qualche cosa?».

L'attività può anche essere articolata su più giornate se il piccolo mostra di stancarsi presto. Qualunque sia l'esito del lavoro lodatelo; se i capo è destinato a voi, cercate al più presto un'occasione per indossarlo e ringraziatelo del bel dono.

Attenzione

Seguite le istruzioni riportate sulla confezione dei pennarelli per l'eventuale fissaggio del colore e il lavaggio del capo colorato.

Moda pazza

Materiali necessari

Catalogo di moda
Fogli bianchi di carta formato A4, anche di recupero
Colla stick
Forbici

4 anni

Disegno

Ogni giorno

Modalità

Invitate il bambino a ritagliare da un catalogo di moda usato le varie parti del corpo e dei vestiti degli indossatori. Fate un collage delle parti ritagliate creando modelli completi di ogni parte ma con un fisico mostruoso.

Batuffolando

Materiali necessari

Foglio di carta formato A4, anche di recupero
Colla vinilica
Pennarelli
Batuffoli di cotone colorati per il viso
Pastello bianco
Foglio da disegno nero

4 anni
Disegno
Pasqua, Natale

Modalità

I batuffoli di cotone colorati si prestano alla realizzazione di bellissimi collage pasquali animati da pecorelle, conigli e nuvole primaverili. Chiedete al bambino quale soggetto voglia disegnare e in quale posizione del foglio. Fategli scegliere il batuffolo del colore preferito e poi aiutatelo a incollarlo con un goccia di colla vinilica nel punto indicato per formare il corpo. Con i pennarelli invitatelo ad aggiungere i dettagli mancanti, come zampe, testa, orecchie. La tecnica può essere ripetuta più volte anche cambiando soggetto e magari usando un foglio A3.

Utilizzando fogli da disegno neri, cotone bianco e un pastello bianco, si possono invece realizzare dei bei paesaggi invernali per il Natale con neve, pupazzi e le pecorelle del presepe.

Biblioteca dei bambini

Materiali necessari

Libri, riviste o giornalini per bambini

4 anni

Fare finta che

Ogni giorno

Modalità

Raggruppate disordinatamente in mezzo alla stanza i libri e le riviste, poi chiedete al bambino di prendere un volume alla volta e di collocarlo in uno spazio destinato a un certo genere (per esempio, libri con animali, libri con bambini, libri con fate, libri da toccare ecc.). Dopo averli ordinati tutti, invitate un altro adulto a partecipare al gioco in qualità di utente della biblioteca in cerca di un libro da prendere in prestito. I ruoli sono ovviamente interscambiabili. L'adulto può chiedere al piccolo bibliotecario consigli su quale titolo scegliere. Una variante del gioco è la libreria, dove al posto del prestito c'è ovviamente l'acquisto.

Attenzione

Il gioco è più efficace se il bambino ha avuto già occasione di frequentare biblioteche per ragazzi o librerie dotate di sezioni per l'infanzia ben fornite.

Lettera a Cappuccetto Rosso

Materiali necessari

Foglio formato A4
Busta
Biro
Matita

4 anni

Fare finta che

Ogni giorno

Modalità

Spiegate al bambino di voler scrivere una lettera a un personaggio delle fiabe a lui noto, per esempio Cappuccetto Rosso o i tre Porcellini; incoraggiatelo con domande mirate del tipo: «Cosa gli vorresti scrivere?»; «Vogliamo avvisarlo di stare attento al lupo cattivo?»; «Alla nonna cosa vorresti dire?». Trascrivete fedelmente le parole del bambino sulla carta da lettere, poi fatelo firmare in fondo, preparate la busta con l'indirizzo suggerito dal piccolo e un francobollo, anche finto, infine speditela con il bambino in una vera cassetta postale.

L'attività può essere svolta anche con più bambini, in modo che ognuno possa contribuire alla stesura corale della lettera. Per creare più interesse potete anche scriverla al computer e poi stamparla.

Faccio i fumetti

Materiali necessari

Foglio di carta
Figure di personaggi
di cartoni animati (anche
da fotocopie a colori)
o adesivi di personaggi
Forbici
Colla
Biro
Pennarelli

4 anni

Fare finta che

Ogni giorno

Modalità

Fate scegliere al bambino le figure che preferisce, ritagliatele se occorre e fategliele attaccare sul foglio in modo che i personaggi sembrino colloquiare. Disegnate voi i fumetti vuoti e chiedete al piccolo cosa si stanno dicendo e cosa sta succedendo. Trascrivete fedelemente i suoi suggerimenti e rileggeteglieli più volte. Se vuole aggiungere qualche dettaglio o altri particolari al foglio, incoraggiatelo a disegnarli come preferisce. La sera troverà molto gratificante vedere che il genitore sceglie la sua storia come favola della buonanotte.

Attenzione

L'attività è facilitata se il bambino già conosce e ha letto con il genitore qualche pubblicazione a fumetti.

Tiro ai barattoli

Materiali necessari

10 barattoli di latta robusti
Carta bianca,
anche di recupero
Nastro adesivo
Pennarelli
Palla da tennis

4 anni

Giochi all'aperto

Ogni giorno, compleanno

Modalità

Rivestite i barattoli con la carta e disegnateci un numero che fungerà da punteggio. Disponeteli uno sopra l'altro a piramide sopra un tavolino. Posizionate il bambino a una distanza da quest'ultimo adatta alla sua età o abilità nel lancio e invitatelo a colpire i barattoli con la palla da tennis. Decidete prima il numero di tiri per ogni concorrente, sommate i punti e proclamate il vincitore.

Attenzione

Appoggiate i barattoli su superfici piane e stabili.

Regalo misterioso

Materiali necessari

Piccoli regali o giochi
economici (come quelli
che si trovano in edicola,
ai distributori automatici,
nei mercatini)
Carta da regalo
Cartoncino di recupero
Scatole di recupero

4 anni

Giochi in casa

Ogni giorno

Modalità

Per ogni oggetto preparate un pacco regalo con carta e cartoncino o scatole, in modo che non si capisca la sua vera forma e sia impegnativo spacchettarlo. Il gioco consiste nel radunare sul pavimento i doni e poi invitare i bambini a scegliere il proprio solo dalla forma o dal suono. Al vostro via tutti dovranno aprire l'involucro, con l'aiuto di un adulto nel caso dei più piccoli.

Se il regalo non sarà quello sperato (per esempio, un regalo da femmina a un maschio), tutti potranno cercare di convincere un altro bambino a scambiarlo, sperimentando il baratto.

Attenzione

Questa attività consente di sperimentare la contrattazione o ad accettare un regalo deludente.

Apri le finestrelle

Materiali necessari

Cartoncino formato A4
Fogli di carta, anche di recupero
Taglierino
Pennarelli
Matita
Righello

4 anni
Giochi in casa
Ogni giorno

Modalità

Sul cartoncino disegnate in ordine sparso 20 finestrelle su cui scriverete il numero. Ritagliatele accuratamente con il taglierino. Disegnate poi oggetti o animali sui fogli di carta e colorateli. Posizionate il cartoncino sopra ai disegni con le finestre chiuse. Invitate il bambino ad aprirle una alla volta e a indovinare il soggetto del disegno nascosto.

Ripetete il gioco con gli altri fogli. In alternativa al disegno, potete usare figure semplici tratte da riviste.

Attenzione

Se disegnate soggetti più difficili e con maggiori dettagli. Potete proporlo anche a bambini più grandi. In ogni caso fate prima delle prove di apertura, per assicurarvi che almeno uno o due particolari essenziali per individuare l'oggetto compaiano da qualche finestrella.

Pinne in scatola

Materiali necessari

2 scatole da scarpe senza coperchio
Nastro adesivo di carta

4 anni

Giochi in casa

Ogni giorno

Modalità

Mettete i piedi del bambino nelle scatole da scarpe, che fisserete alla caviglia con del nastro adesivo di carta. Invitatelo a «pattinare» con quelle insolite calzature, senza correre per non perdere l'equilibrio. Le cadute sono inevitabili, ma il divertimento pure.

Attenzione

Rimuovete i possibili ostacoli lungo il percorso.

Teatro delle ombre

Materiali necessari

Fogli di carta bianchi formato A4, anche di recupero
Matita
Colla
Forbici
Torcia

4 anni

Giochi in casa

Ogni giorno

Modalità

Preparate delle basi solide piegando un foglio per il lato lungo in 4 parti uguali e assemblandolo a formare un «tubo» a sezione triangolare, tipo quello della confezione del famoso cioccolato svizzero. Alle basi applicate delle sagome ritagliate dalla carta e di forma semplice (come farfalle, alberi, case, delfini, elefanti, cuori, fiori).

Spegnete la luce e invitate il bimbo a impugnare la torcia verso le sagome e proiettare l'ombra sul muro. Se è già grande può aiutarvi anche nella fase di disegno e realizzazione delle sagome.

Attenzione

Gioco impegnativo per l'adulto, che deve preparare parecchie sagome.

Ricamare

Materiali necessari

Tela Aida per ricamo a punto croce
Ago senza punta per ricamo a punto croce
Filo per ricamo a punto croce
Matita

4 anni
Giochi in casa
Ogni giorno

Modalità

Invitate il bambino a disegnare una figura semplice sulla tela Aida, poi dotatelo di un ago con il filo colorato già infilato e mostrategli come ripassare il disegno con semplici punti. Tralasciate quelli complessi: sarà sufficiente che il bimbo riesca a entrare e uscire con l'ago dalla stoffa seguendo la sagoma prefissata.

Attenzione

Sorprendentemente, questa attività piace anche ai maschietti.

Mimi imitati

Materiali necessari

Nessuno

4 anni

Giochi in casa

Ogni giorno

Modalità

L'adulto compie una serie di gesti semplici e ben visibili (per esempio, si mette un dito nell'orecchio, fa un saltello, uno sbadiglio ecc.) poi il bambino deve imitarlo. Se sbaglia il gesto o la sequenza perde.

Attenzione

Se i bambini sono più grandi, possono essere loro a decidere i gesti da imitare.

Cosa manca?

Materiali necessari

Foglio di carta
Pennarelli
Fotocopie
Correttore da ufficio

4 anni

Giochi in casa

Ogni giorno

Modalità

L'adulto prepara dei disegni in bianco e nero, eventualmente anche stampandoli dalle gallerie di immagini per bambini che si trovano in Internet. Per ognuno ne fa 2 copie, una completa e una a cui viene cancellato un dettaglio poco visibile con il correttore da ufficio e che poi viene ancora fotocopiata. Mostrate al bambino i due disegni e chiedetegli cosa manca.

Attenzione

Questa attività aiuta ad allenare l'osservazione dei dettagli.

Labirinti casalinghi

Materiali necessari

Mattoncini per costruzioni
in plastica o legno
(o pennarelli e matite,
purché in abbondanza)
Macchinine (o piccoli animali)
Piccoli pupazzi raffiguranti mostri

4 anni
Giochi in casa
Ogni giorno

Modalità

Con il vostro aiuto, fate disporre al bambino sul pavimento in modo ordinato 2 binari, da realizzare con il materiale sopra indicato, variando di continuo la direzione e creando delle strade senza sbocco. Allestito il labirinto, fategli collocare in punti a piacere i mostri, poi a turno percorretelo con le macchinine o i piccolo animali, e mostratevi spaventati ogni volta che incontrate i mostri. Ripetete il gioco modificando la posizione di questi ultimi.

Attenzione

Se l'allestimento del labirinto non cattura l'interesse del bambino, preparatelo voi prima e fategli solo collocare i mostri.

Ascolta l'indizio

Materiali necessari

Oggetti da nascondere

4 anni
Giochi in casa
Ogni giorno

Modalità

Spiegate al bambino che non potrà cercare a casaccio l'oggetto nascosto, ma che dovrà ascoltare le vostre indicazioni. Nascondetelo in una stanza e guidate il bambino alla ricerca del premio solo con suggerimenti verbali: prima specificate la stanza, poi il mobile (dando indicazioni sul materiale o il colore), poi il cassetto (in alto, in basso, in mezzo) ecc., finché non lo trova.

Attenzione

L'oggetto può anche essere un premio (la merenda o un regalo).

Animali da cavalcare

Materiali necessari

Paraspifferi a salame a forma di animale (se ne trovano in commercio nei magazzini di articoli casalinghi) o un paraspifferi semplice che decorerete voi con un panno in foggia di animale

4 anni

Giochi in casa

Ogni giorno

Modalità

Se non avete trovato il paraspifferi a forma di animale, provate a farlo voi adattando uno di quelli semplici: cucite le orecchie, una coda in panno e i bottoni come occhi. Stringendone l'estremità con uno spago si può simulare la piega del collo. Regalatelo al bambino perché lo cavalchi per tutta la casa.

Animali sottocoperta

Materiali necessari

Pupazzi di animali di varia dimensione o in plastica

Lenzuolo

4 anni

Giochi in casa

Ogni giorno, compleanno

Modalità

Non visti, disponete sul pavimento un buon numero di pupazzi o giochi raffiguranti animali e coprite il tutto con un lenzuolo. Fate avvicinare a turno un bambino che, solo toccando il lenzuolo con le mani, dovrà indovinare l'animale nascosto. Ogni volta che si indovina, si elimina dal mucchio il pupazzo scoperto. Per i più piccoli è consentito l'aiuto dell'adulto.

Basket di pupazzi

Materiali necessari

Pupazzi (o peluche) di dimensione media
Sacchetto ampio della spesa di carta con manici o altro materiale, purché rigido

4 anni
Giochi in casa
Ogni giorno

Modalità

L'adulto regge il sacchetto e il bambino deve lanciare da debita distanza un pupazzo per fare canestro nel sacchetto. L'adulto ovviamente cercherà di agevolare la riuscita del lancio. Se il bambino mostra di gradirlo, potete invertire i ruoli di reggi-sacchetto e lanciatore.

Attenzione

Potete sperimentare il gioco anche con bambini più piccoli, se abbastanza coordinati.

Panno-pattini

Materiali necessari

Pannolini per bambini di misura grande
Borotalco
Nastro adesivo di carta

4 anni
Giochi in casa
Ogni giorno

Modalità

Avvolgete i pannolini ai piedi del bambino come se fossero delle grosse babbucce, fermandoli con del nastro adesivo arrotolato alla caviglia. Per lisciarne la superficie, cospargete il fondo dei pannolini di borotalco. Fateli usare al piccolo come dei pattini.

Attenzione
Rimuovete dal percorso ostacoli od oggetti pericolosi, e verificate prima che il pavimento non venga danneggiato dal gioco.

Lavagna magica

Materiali necessari
Lavagnetta
Gessetti colorati
Spugna

4 anni

Giochi in casa

Ogni giorno

Modalità
Disegnate sulla lavagnetta un oggetto aggiungendo un particolare alla volta e invitando il bambino a indovinarne il nome prima di aver completato il disegno.

Attenzione
In mancanza della lavagnetta, usate pure fogli e pennarelli.

Adesivi puzzle

Materiali necessari
Adesivi di un personaggio noto dei cartoni animati
Cartoncino
Matita
Forbici

4 anni

Giochi in casa

Ogni giorno

Modalità
Incollate su cartoncini rettangolari delle stesse dimensioni gli adesivi raffiguranti lo stesso personaggio in pose diverse. Ritagliate il cartoncino lungo la diagonale e mischiate i pezzi. Fate ricomporre i vari puzzle al bambino.

Attenzione

Se preparate prima i cartoncini, potete farvi aiutare dal bimbo a costruire il gioco.

Cara-Memory

Materiali necessari

Bicchieri di carta usa e getta
Coppie di caramelle diverse tra loro

4 anni

Giochi in casa

Ogni giorno

Modalità

Selezionate le caramelle in modo che ci siano parecchie coppie di 2 caramelle identiche. Nascondetene una sotto ogni bicchiere, che disporrete ordinatamente su un tavolino. Il principio del gioco è quello del *Memory*: a turno si solleva un bicchiere scoprendo una caramella. Chi forma una coppia uguale conquista i 2 dolci.

Mano della strega

Materiali necessari

Guanto di caucciù
Congelatore
Acqua
Colorante alimentare

4 anni

Giochi di gruppo

Halloween

Modalità

Aggiungete il colorante alimentare all'acqua e riempiteci un guanto di caucciù. Chiudetelo bene all'estremità in modo che non fuoriesca il liquido e ponetelo a raffreddare nel congelatore. Tiratelo fuori per la festa di Halloween e nascondetelo in un cestino ricoperto da un telo. Annunciate che avete ritrovato un oggetto appertente a una strega e invitate i bambini a mettere la mano nel cestino. Urla e paura sono assicurate. Solo alla fine, scoprite la finta mano e mostratela a tutti.

Attenzione
Fate in modo che il bambino non tocchi troppo a lungo la mano eccessivamente fredda.

Corri ai comandi

Materiali necessari
CD
Lettore CD con registratore (o computer con software per creare audio) e microfono

4 anni

Giochi di gruppo

Ogni giorno

Modalità
È necessario che l'attrezzatura elettronica sopra elencata sia già disponibile qualche giorno prima della presentazione del gioco. Vi ricordate il vecchio ballo anni Ottanta *Gioca jouer* del DJ Claudio Cecchetto? Per i genitori più giovani, spiego che si trattava di un ballo di gruppo in voga nelle discoteche italiane. Al suono della musica il cantante lanciava dei comandi tipo: «Salutare, nuotare ecc.», e tutti dovevano eseguire o mimare il comando a tempo.

Con un po' di pazienza si può preparare su CD una nuova versione del ballo con comandi facili da eseguire adatti ai bambini, alternando musiche vivaci e parole.

Tra quelli utilizzati nela nostra esperienza c'erano: toccare la finestra (o un albero se all'aperto), saltare, abbaiare, fare un girotondo, abbracciarsi.

Il gioco, di per sé divertente, stimola i bambini all'ascolto attento.

Attenzione
Preparazione impegnativa, ma può piacere molto ai papà appassionati di computer.

Acchiappa la storia

Materiali necessari

Ciotola di plastica (o scatola di cartone di recupero)
Piccoli oggetti o giochi

4 anni
Giochi di gruppo
Compleanno

Modalità

L'adulto racconta lentamente una storia, nominando ogni tanto uno degli oggetti contenuti nella scatola. I bambini devono essere veloci ad afferrare l'oggetto citato. Vince chi ne colleziona di più.

Attenzione

Questa attività stimola i bambini all'ascolto attento.

Birilli a spruzzo

Materiali necessari

Cartone ondulato leggero delle confezioni di biscotti o crackers
Spruzzatore per bucato
Pennarelli indelebili
Forbici

4 anni
Giochi di gruppo
Compleanno

Modalità

Preparate piccole sagome di cartone a forma di birillo, con il piedistallo ottenuto piegando indietro la base di cartone. Scriveteci con i pennarelli un numero che corrisponderà al punteggio. Disponeteli in fila sopra un muretto o una recinzione non troppo alti. Invitate i bambini, uno alla volta, ad abbatterli con il getto dello spruzzatore. Sommate per ognuno i punteggi dopo 3 spruzzi.

Attenzione

Preparate qualche birillo in più per sostituire quelli che dovessero diventare inutilizzabili perché fradici.

Piedi emozionati

Materiali necessari

Fogli di carta formato A4,
anche di recupero
Pennarelli

4 anni
Giochi di gruppo
Ogni giorno

Modalità

Disegnate l'impronta di 2 piedi nudi su ogni foglio, che poi distribuirete ai bambini. Chiedete loro di completare il disegno in modo che ogni foglio rappresenti un'emozione (per esempio, tristezza, felicità, paura ecc.). Se alcune emozioni prevalgono sulle altre (troppe paure, nessuna felicità), aggiungete quelle mancanti per riequilibrare.

Raccogliete i fogli, mescolateli e appoggiateli a terra a formare un percorso. Ogni bambino dovrà seguirlo posando i propri piedi su quelli dei fogli e recitando ogni volta l'emozione corrispondente. È un gioco in cui non si vince nulla, ma si ride tutti insieme.

Trampoli barattoli

Materiali necessari

Barattoli di latta robusti
(tipo quelli del caffè,
dello zucchero
o del fruttosio)
Chiodo in acciaio grosso
Martello
Spago

4 anni
Giochi di gruppo
Ogni giorno

Modalità

Questo giocattolo deve essere preparato dall'adulto: con chiodo e martello praticate 2 fori laterali diametralmente opposti nella parte inferiore del cilindro metallico in prossimità del fondo chiuso. Infilate nel foro lo spago in modo che fuoriesca per una lunghezza tale da formare una briglia che il bambino possa impugnare e tendere una volta salito con i piedi sul barattolo. All'inizio sarà difficile avanzare senza cadere, ma con un po' di pratica si potranno completare dei lunghi percorsi e anche fare delle gare.

Attenzione

Utilizzate i trampoli su superfici piane e regolari.

Gatto nero

Materiali necessari

Cartoncino nero e colorato
Puntina da disegno
Pennarello dorato
Lavagnetta in sughero
Foulard

4 anni
Giochi di gruppo
Halloween

Modalità

Disegnate un gatto nero privo della coda e attaccatelo alla lavagnetta in sughero. Preparate tante code colorate quanti sono gli invitati e fornitele di puntine da disegno.

Bendate un concorrente alla volta e invitatelo a posizionare la sua coda sulla lavagnetta. Quello che più si avvicina al centro indicato con il pennarello dorato, vince. È una variante di Halloween di *Attacca la coda all'asino*.

Terremoto di pupazzi & Co.

Materiali necessari

Pupazzi e peluche in quantità
Cuscini del divano
Foulard

4 anni
Giochi di gruppo
Compleanno

Modalità

Il gioco consiste nel «seppellire» il bambino sdraiato a terra con pupazzi, peluche, foulard, giochi morbidi e cuscini avendo cura di non impedirgli la respirazione. Poi si invitano gli adulti e gli altri compagni a rientrare nella stanza per cercare il bambino scomparso. A un segnale prestabilito, questi si alzerà da terra urlando e provocando il «terremoto di pupazzi».

Gli adulti ovviamente fingeranno stupore e paura.

Attenzione

Questo gioco piace molto ai bambini più piccoli.

Habitat animali

Materiali necessari

Giochi, pupazzi e peluche a forma di animali

4 anni

Giochi di gruppo

Compleanno

Modalità

Se disponete di giochi o pupazzi in quantità o riuscite a procurarvene un buon numero, radunateli in un mucchio al centro della stanza, poi indicate 3 o 4 zone attorno facendole corrispondere ad altrettanti habitat di animali (bosco, giungla, fattoria ecc.).

Il gioco prevede che i bambini trovino i giochi o i pupazzi dell'habitat indicato dall'adulto e li ripongano il più velocemente possibile nella zona appropriata.

Attenzione

È un divertente gioco di collaborazione.

Treno avventura

Materiali necessari

Sedie in numero adeguato ai bambini

Volante giocattolo (o costruito con del cartone)

4 anni

Giochi di gruppo

Compleanno

Modalità

Disponete le sedie in fila, come fossero vagoni di un treno. L'adulto, reggendo il volante, occupa la prima sedia e funge da locomotiva.

Prima di cominciare spiega ai bambini seduti le regole del gioco: ad alta voce, lancerà dei comandi tipo: «Curva a destra, curva a sinistra, galleria, frenata, sirena, stazione...», invitandoli a sbilanciare il corpo a destra, sinistra, avanti o in giù, oppure ad abbassare la testa a seconda dell'indicazione. Poi fingerà di mostrare ai piccoli passeggeri le meraviglie visibili dai finestrini («Alla vostra destra il ponte di Rialto, alla vostra sinistra il luna park ecc.»).

Se il gioco coinvolge i bambini, possono provare anche loro a fare a turno la locomotiva.

Attenzione

Potete sperimentare il gioco anche con bambini più piccoli, se abbastanza coordinati.

Zucche spaventose

Materiali necessari

Zucche decorative non commestibili
Pennarelli indelebili
Cartoncino nero
Colla vinilica
Forbici

4 anni

Lavoretti di Halloween

Halloween

Modalità

L'attività consiste nel disegnare sulle zucche dei volti mostruosi aggiungendo anche, a discrezione, dettagli (come pipistrelli o cappelli da strega) realizzati con cartoncino nero e colla vinilica.

Carta da regalo

4 anni

Lavoretti di Natale

Natale

Materiali necessari

Carta da pacco bianca (o sacchetti di carta con manici bianchi)
Adesivi a tema natalizio
Colla glitter
Pennarelli
Pennarelli dorati e argentati

Modalità

Stendete il foglio sul pavimento e fatelo decorare al bambino a piacimento, spiegandogli che lo userete per impacchettare i regali di Natale. Lo stesso procedimento può essere adottato per decorare i sacchetti di carta con cui confezionare i doni. Ovviamente poi dovrete usarli realmente.

Attenzione

La decorazione del sacchetto è più facile per i bambini piccoli.

Addobbi in feltro

4 anni

Lavoretti di Natale

Natale

Materiali necessari

Panni da cucina nuovi in stoffa tipo feltro bianchi, verdi, gialli (si trovano in commercio, anche se con qualche difficoltà)
Carta colorata
Cartoncino bianco di recupero delle confezioni di merendine
Cartoncino colorato
Pennarelli
Matita
Colla vinilica
Colla glitter

Spago dorato
Forbici
Pinzatrice metallica

Modalità

Preparate sul cartoncino bianco la sagoma semplificata di un pupazzo di neve, di un abete e di una stella cometa (divisa in coda e stella). Con la matita fate ricalcare al bambino la sagoma desiderata sul feltro corrispondente. Se è in difficoltà, aiutatelo in questa fase e in quella successiva del ritaglio. Fategli decorare l'abete con la colla glitter, fategli vestire il pupazzo di neve con il cappello, la sciarpa, i bottoni e il naso a carota realizzati con la carta colorata, e unire la coda alla stella facendogliela decorare con la colla glitter. Aggiungete sul retro lo spago colorato rinforzandolo con la pinzatrice e appendete gli addobbi all'albero di Natale.

Attenzione

Questi addobbi possono essere utilizzati anche come decorazione per originali biglietti d'auguri realizzati piegando in 2 un cartoncino colorato e incollando sulla pagina anteriore l'addobbo.

Addobbi a tubicino

Materiali necessari

Carta da regalo natalizia
Nastri colorati
Spago dorato
Matite
Nastro adesivo
Colla stick
Forbici

4 anni
Lavoretti di Natale
Natale

Modalità

Tagliate la carta da regalo in striscioline di dimensioni tali da poter essere avvolte attorno alle matite un paio di volte. Fate arrotolare al bambino quelle già preparate utilizzando la matita come guida per poter ottenere un tubicino di lunghezza poco inferiore alla matita che poi sfilerete. Fate incollare (o fermare con il nastro adesivo) la parte finale della striscia e poi unitele in gruppi da 3, anche variando il colore, in un mazzetto trattenuto con il nastro colorato.

Appendeteli all'albero di Natale con lo spago dorato.

Adesivi chiudipacco

Materiali necessari

Etichette adesive da ufficio per indirizzi (di solito sono in fogli)
Pennarelli
Pennarelli dorati
Colla glitter

4 anni

Lavoretti di Natale

Natale

Modalità

Mostrate al bambino i fogli con le etichette adesive e invitatelo a decorarle con disegni natalizi e colla glitter, poi usatele come chiudipacco per completare i regali di Natale.

Sacchetti decorati

Materiali necessari

Sacchetti di carta con manici (in vendita presso negozi o magazzini della carta)
Pennarelli
Pennarelli dorati
Adesivi a tema natalizio
Carta da regalo usata con soggetti abbastanza grandi
Colla glitter
Colla stick
Forbici

4 anni

Lavoretti di Natale

Natale

Modalità

Tenendo i sacchetti nuovi ripiegati come all'atto dell'acquisto, fateli decorare al bambino con soggetti natalizi, disegni, scritte di auguri, colla glitter o altro. Usateli per confezionare i regali di Natale dei familiari.

Campanelle

Materiali necessari

Vasetti di yogurt usati
o bicchieri da pic-nic (rossi
o dorati per Natale; bianchi
e rosa per Pasqua)
Pennarelli dorati indelebili
Colla glitter
Adesivi natalizi (o pasquali)
Spago dorato
Nastro adesivo
Forbici

4 anni

Lavoretti di Natale (o Pasqua)

Natale (o Pasqua)

Modalità

Fate decorare al bambino i vasetti o bicchierini con soggetti natalizi o pasquali con i pennarelli, il glitter e gli adesivi. Successivamente con le forbici l'adulto praticherà 2 piccoli fori sul fondo dei bicchieri e infilerà un capo del filo dorato attraverso il foro dall'esterno verso l'interno fermandolo con un nodo a cui va sempre aggiunto del nastro adesivo. Formate così coppie di campanelle che potete appendere sull'albero di Natale o per la casa.

Saponetta decorata

Materiali necessari

Saponetta profumata
con superficie liscia e piatta
Carta velina colorata

4 anni

Lavoretti per la mamma

Festa della mamma

Carta da regalo con soggetto floreale
(o catalogo pubblicitario con fiori)
Colla vinilica
Nastro dorato
Pennarelli
Pennarelli dorati
Colla glitter

Modalità
Invitate il bambino a ritagliare i fiori dalla carta da regalo o dal catalogo e poi a incollarli con la colla vinilica sulla superficie della saponetta. Con la carta velina e il nastro confezionate la saponetta a «caramella».

Collana di nocciole

Materiali necessari
Nocciole
Vecchi collant colorati
(o a rete)
Forbici

4 anni

Lavoretti per la mamma

Festa della mamma

Modalità
Ritagliate le sole gambe dei vecchi collant eliminando la parte della mutanda e del piede, in modo da avere 2 tubi. Chiudeteli in fondo con un nodo e fateci introdurre dentro al bambino le nocciole: dopo ogni frutto, fate un nodo stretto tirando il più possibile il collant, come i nodi delle vere collane di perle. Annodate i due capi della collana o del braccialetto, a seconda della lunghezza realizzata, e fate preparare al piccolo un pacco regalo degno del prezioso gioiello.

Attenzione
Le bambine potrebbero volere una collana di nocciole anche per loro, perciò provvedete a fornire materiale sufficiente per mamma e figlia.

Pozioni magiche

Materiali necessari

Coloranti alimentari
Bicchieri trasparenti
Ossidante (tipo Amuchina o candeggina)

4 anni

Teatro

Ogni giorno, compleanno

Modalità

Versate poche gocce di colorante alimentare sul fondo dei bicchieri di plastica trasparente. Fateli asciugare qualche giorno. Durante lo spettacolo, il bambino versa acqua pulita nei bicchieri preparati. Magia! L'acqua si colora.

Da qui iniziano gli esperimenti cromatici: il piccolo è invitato a mescolare le acque colorate e così scoprirà che il giallo e il blu danno il verde, il rosso e il blu danno il viola e il rosso e il giallo danno l'arancione.

Suggerisco di non travasare tutti i liquidi completamente, ma di conservare sempre una piccola quantità di colori primari non miscelati. Solo alla fine è possibile tentare la magia finale, ovvero far tornare l'acqua trasparente. «Impossibile!», direte voi, invece si può con qualche goccia di Amuchina od ossidante equivalente. A questo punto la miscela, che avrà assunto un forte odore di cloro, non può più essere avvicinata o manipolata dal bambino e va subito buttata via.

È un'idea carina da utilizzare nei piccoli spettacoli di magia che si organizzano durante le feste di compleanno.

Attenzione

Prestate attenzione a che il piccolo non ingerisca l'acqua colorata e soprattutto la miscela clorata.

Teatro dei rumori

Materiali necessari

4 anni

Teatro

Compleanno

Oggetti che producono
un rumore se agitati, percossi
o schiacciati come:
Bicchieri di plastica da pic-nic
(per il tuono)
Scarpe (per i passi)
Campanelle (per mucche o capre)
Trombette (per soldati)
Tazze di plastica (per gli zoccoli dei cavalli)

Modalità

Radunate i bambini in cerchio e spiegate loro che organizzerete insieme uno spettacolo di teatro. L'adulto leggerà una storia in cui sono descritti dei rumori e loro dovranno prendere gli oggetti a disposizione al centro del cerchio per ripetere il suono indicato.

Suggerisco di assegnare a ogni bambino un rumore preciso e affidargli dall'inizio l'oggetto per riprodurlo. A tutti piace schiacciare il bicchiere da pic-nic, perciò datene uno a testa per il tuono. Anche i versi degli animali possono essere ripetuti tutti in coro. Provate lo spettacolo una volta, lodateli e dopo chiamate gli spettatori adulti per l'esibizione vera e propria. Non mancheranno gli applausi.

Attenzione

Assegnate a tutti un rumore, ma non insistete con i bambini più timidi e riservati. A loro basterà applaudire alla fine.

5 ANNI

Finalmente il primato è raggiunto (effimero però, poiché dura solo un anno e poi saranno di nuovo i più piccoli): essere i più grandi dell'asilo implica molte responsabilità. Spesso ai bambini dell'ultimo anno di scuola materna vengono affidati compiti di sorveglianza e accudimento dei piccoli che li gratificano parecchio.

Il programma prevede anche numerose attività prescolari di scrittura e riconoscimento delle lettere e dei numeri, tutte cose che contribuiscono a farli sentire grandi. Le attività manuali e le recite natalizie o di fine anno mettono a fuoco le numerose competenze raggiunte.

Gli uccellini stanno per spiccare il volo.

Ricordo con orgoglio il giorno della consegna del diploma di fine corso della scuola dell'infanzia: tutti i bambini trepidanti in fila, con tanto di mantello nero svolazzante e tocco da laureato con fiocco (realizzato con il cartoncino dalle amorevoli maestre). A uno a uno, vennero chiamati e obbligati a salire su un palchetto da cui salutarono i parenti presenti impegnati ad applaudire fragorosamente e a scattare fotografie. Il rito si concluse con un vigorosa stretta di mano alla maestra incaricata di consegnare il diploma arrotolato e annodato con un vistoso fiocco rosso.

A chi non scapperebbe una lacrimuccia di fronte a tutto ciò?

Albero quattro stagioni

Materiali necessari

Cartoncino bianco,
anche di recupero
delle confezioni di merendine
Pennarelli
Foglie secche
Cotone
Carta verde, rossa e rosa
Forbici

5 anni

Cartonnage

Ogni giorno

Modalità

Preparate 2 sagome di alberi perfettamente identiche, in cui tronco e chioma siano di altezza uguale. Tagliate lungo l'asse un albero fino alla fine del tronco e l'altro in senso inverso, dalla chioma al tronco. Provate ad assemblarli intersecando le 2 fessure, in modo che le 2 sagome restino perpendicolari tra loro e perfettamente incastrate. Verificate se la lunghezza dei tagli è sufficiente a generare un albero tridimensionale che sta in piedi da solo.

Suggerisco di fare prima delle prove con della carta leggera (fotocopiando 2 volte la sagoma), che poi userete come modello sul cartoncino. Con l'albero montato (ogni sagoma ha 4 parti, perciò 4 stagioni), segnate a matita sulle parti della chioma i nomi delle stagioni, ripetendo l'operazione anche per la seconda sagoma in modo che ogni settore formato dall'intersezione delle 2 sagome corrisponda a una sola stagione.

Separate le sagome e chiedete ai bambini di disegnare, colorare e completare tronco e chioma a seconda della stagione indicata. Con il cotone faranno la neve sui rami per l'inverno; con le foglie secche l'autunno; con la carta verde ritaglieranno tante foglie per la primavera e l'estate; con la carta rosa otterranno dei bei fiori primaverili; con la carta rossa delle belle ciliegie estive.

Alla fine della fase di disegno assemblate nel giusto ordine l'albero. Il risultato sarà sorprendente.

Casa con finestre

Materiali necessari

5 anni

Cartonnage

Ogni giorno

Foglio da disegno
(o cartoncino) formato A3
Fotocopia ingrandita formato
A3 del disegno semplificato
di una casa con porte e finestre
Foglio di acetato trasparente
Fogli di carta bianca formato A4, anche di recupero
Nastro adesivo
Pennarelli
Forbici (o taglierino)

Modalità

Incollate l'immagine della casa sul foglio da disegno per dargli consistenza; ritagliate, anche con l'uso del taglierino, le porte e le finestre in modo che si aprano e si chiudano. Sul retro inserite dei rettangoli di acetato in modo da simulare un vetro.

Mostrare al bambino la casetta e invitatelo ad aprire porte e finestre, poi chiedetegli di completarle con tende e personaggi vari affacciati. Fategli colorare a piacere il disegno.

Coroncine

Materiali necessari

5 anni

Cartonnage

Ogni giorno

Nastro da regalo dello spessore
di almeno 2 cm
Carta colorata (o dorata)
Colla vinilica
Pinzatrice

Modalità

Fate disegnare e ritagliare alla bambina fiori, cuori e stelle dalla carta colorata o dorata; incollateli al nastro tagliato della lunghezza di almeno 1 metro ed eventualmente fermateli con la pinzatrice. Annodate il nastro attorno alla testa della bambina formando la coroncina.

Attenzione

Potete annodare il nastro in modo da lasciarne lunghi capi pendenti dietro.

Bandiere del mondo

Materiali necessari

Foglio di carta formato A4 non usato
Pennarelli
Cannucce
Colla vinilica
Atlante su cui sono disegnate le bandiere degli Stati

5 anni
Cartonnage
Ogni giorno

Modalità

Mostrate ai bambini le bandiere presenti nelle illustrazioni dell'atlante geografico e invitateli a scegliere quella preferita e a disegnarla sulla metà di un foglio A4.

Completato e colorato il disegno, incollate con la colla vinilica la bandiera alla cannuccia arrotolandola lungo il lato corto.

Bicchieri fioriti

Materiali necessari

Bicchieri usa e getta colorati (meglio se di carta cerata)
Piatti usa e getta
Cannucce
Forbici
Nastro adesivo
Carta colorata

5 anni
Cartonnage
Ogni giorno

Modalità

Fate praticare con le forbici dei tagli verticali nel bicchiere, avendo cura di non superare il fondo. Con l'aiuto di un piatto di carta schiacciate sul tavolo il bicchiere tagliato fino a formare un fiore piatto (tipo margherita). Completatelo con la cannuccia per lo stelo, la foglia e il pistillo ritagliati dalla carta colorata.

Attenzione

Attenzione ai lati taglienti dei bicchieri di plastica. Per questo motivo suggerisco l'uso di bicchieri di carta cerata, più costosi ma più sicuri.

Drago cinese

Materiali necessari

Fogli di giornale in grande quantità
Fogli di carta formato A3, anche di recupero
Pinzatrice metallica
Pennarelli
Nastro adesivo
Bastoncini

5 anni
Cartonnage
Capodanno

Modalità

Piegate in 3 parti le pagine intere del giornale, in modo da creare un nastro solido, e preparatene parecchi. Insieme al bambino unite con i punti metallici 2 nastri all'estremità e orientati ortogonalmente. Piegateli indietro alternativamente per realizzare quella che in gergo è detta una «molla di carta».

Proseguite aggiungendo sempre nuovi nastri di allungatura finché non avrete ottenuto una lunga ed enorme molla di carta. Fissatela all'estremità con i punti metallici e completate i 2 capi con una faccia da drago e una coda colorata. Invitate i bambini a sollevare il drago e ad appoggiarselo sopra la testa reggendolo con le mani. Ballate per la casa con il dragone ondeggiante, e buon Capodanno!

Per facilitare il movimento, si possono attaccare al drago dei bastoncini in corrispondenza della testa, della coda e delle parti intermedie da usare per manovrarlo.

Attenzione
Questo gioco è impegnativo per l'adulto che deve preparare parecchie strisce di giornale e resiste poco alla vivacità dei bambini; comunque deve durare solo una serata.

Festoni di ventaglio

Materiali necessari
Fogli di carta colorata (o bianca) formato A4
Pinzatrice metallica
Pennarelli
Spago

5 anni

Cartonnage

Compleanno

Modalità
Fate piegare al bambino il foglio con la tecnica del ventaglio. A seconda del lato del foglio piegato, le porzioni di festone avranno dimensione differente: lungo il lato lungo si otterrà un quarto di cerchio, lungo quello corto un semicerchio. Per ottenere la porzione di festone dovrete piegare a metà il ventaglio appena realizzato unendo con la pinzatrice i 2 bordi ravvicinati grazie alla piegatura. Tirate con le dita verso il basso i 2 bordi liberi per il semicerchio a ventaglio: se avete piegato il foglio lungo il lato corto, o il quarto di cerchio; se avete piegato il foglio lungo il lato lungo. Assemblate le porzioni di cerchio così realizzate fino a formare un bel festone circolare. Attaccate uno spago per appendere la decorazione. Suggerisco di utilizzare della carta colorata alternando i colori degli spicchi. Il festone può diventare anche un divertente copricapo da decorare per giocare ai maghi e alle principesse.

Attenzione
Provate a sostituire i fogli A4 con le pagine di un giornale, di una rivista o della carta regalo per maxi festoni. Il ventaglio a semicer-

chio, adeguatamente colorato, può anche essere usato per creare un arcobaleno, una coda di pavone ecc.; nel primo caso, abbiate l'accortezza di colorare prima il foglio con fasce di colori disposte simmetricamente rispetto all'asse del foglio del lato più lungo.

Bignè

Materiali necessari

Bignè pronti
Preparato per crema pasticcera
Latte (anche di soia o riso)
Siringa da pasticciere
Cacao
Zucchero a velo
Colino
Cucchiaino
Ciotole

5 anni

Cucina

Ogni giorno

Modalità

Preparate la crema pasticcera anche istantanea come da istruzioni sulla confezione, mostrate al bambino l'uso della siringa da pasticcere e fategli riempire i bignè pronti. Disponeteli poi a montagnola e decorateli con il cacao o lo zucchero a velo utilizzando un colino come setaccio. Il bambino può muoverlo sopra la montagnola o girare il cucchiaino nel colino per far scendere la polvere.

Fabbrica fossili

Materiali necessari

Pietre o sassi piatti
Pennelli
Colori a tempera
Bicchieri usa e getta
Foglie
Carta di giornale
Grembiuli

5 anni

Disegno

Ogni giorno

Modalità

Fate scegliere al bambino una pietra piatta, versate i colori a tempera nei bicchieri di plastica, e con il pennello fategli dipingere, appoggiandovi sulla carta di giornale, il retro delle foglie, insistendo particolarmente sulle nervature. Adagiate le foglie come un timbro sulla pietra, premendole perché resti l'impronta colorata. Ripetete l'operazione finché non sarete soddisfatti del fossile. Potete aggiungere anche altri dettagli a pennello come lumachine, ossi, insetti.

Diploma di talenti

Materiali necessari

Fogli
Pennarelli
Pennarelli dorati
Ceralacca
(o pasta da modellare)
Nastro dorato

5 anni

Fare finta che

Ogni giorno, compleanno

Modalità

Preparate a mano o a computer dei fogli che simulino dei diplomi di merito: con una calligrafia elegante, intitolateli a caratteri cubitali *Diploma di talenti* e arricchiteli con cornicette tracciate con i pennarelli dorati. Tracciate delle righe per il nome e i dati personali del piccolo, l'elenco dei talenti e la data. Chiedete a ogni bambino, uno alla volta, cosa ritiene di saper fare bene. Se si mostra timido e riottoso a rispondere, provate a incoraggiarlo con domande mirate del tipo: «Ti piace disegnare? Pensi di essere capace di disegnare bene?»; «Ti piace leggere i libri?»; «Ti piace aiutare la mamma o il papà?»; «Ti piace giocare a palla?»; «Ti piace cantare o ballare?»; «Ti piace correre o fare sport?». Ogni talento va trascritto nella pagina del diploma. Se proprio il piccolo non sa cosa rispondere, coinvolgete il genitore per chiedergli tutte le cose che il figlio sa fare. Alla fine suggellate il diploma con la vostra firma, un sigillo (se di ceralacca il risultato sarà ancora più realistico, ma va bene anche la pasta da modellare), arrotolate il diploma e consegnatelo al bambino con un nastro dorato o colorato.

Seminare

Materiali necessari

Vaso con terra o giardino o orto
Semi di fagiolo, piselli, girasole
(o altri bulbi da fiore)
Spiedini di legno
Cartoncino
Pennarelli
Nastro adesivo

5 anni

Giochi all'aperto

Ogni giorno

Modalità

Se avete la fortuna di possedere un giardino, mettete a disposizione del bambino un piccolo spazio in cui potrà seminare con il vostro aiuto qualche seme o bulbo. Con lo spiedino e il cartoncino realizzate dei cartellini con cui segnare sulla terra la posizione di ciò che piantate. Affidate al piccolo il compito di annaffiare e sorvegliare giornalmente la crescita. Se possedete almeno un balcone eseguite l'attività con dei vasi da fiore.

Strega comanda lettere

Materiali necessari

Nessuno

5 anni

Giochi in casa

Ogni giorno, compleanno

Modalità

È semplicemente la variante «scolastica» di *Strega comanda colore*. Al posto dei colori, infatti, la strega «comanda» una lettera e i partecipanti devono toccare un oggetto che comincia con quella lettera indicata.

Se nel gruppo ci sono bambini più piccoli, l'adulto può suggerire l'oggetto da toccare.

Scrivo un libro

Materiali necessari

Fogli di carta formato A4,
anche di recupero
Biro (o computer)
Stampante (facoltativa)
Pennarelli

5 anni

Giochi in casa

Ogni giorno, compleanno

Modalità

Il gioco può essere proposto sia a un unico bambino che a un gruppo. L'adulto, scrivendo a mano o a computer tutti i suggerimenti, si presta scrivere un libro, ricostruendo la storia sulla base di domande mirate. Chiedete dapprima chi siano i personaggi, chi siano i bravi e chi i cattivi, dove si svolge la vicenda, che cosa succederà e come andrà a finire. Se il gruppo appare in difficoltà, potete suggerire di scrivere una nuova versione di una fiaba nota come *Cenerentola* o *Cappuccetto Rosso*, magari mescolandole o, come fece il grande maestro Gianni Rodari, mettendo un Cappuccetto Giallo come protagonista. Cercate di coinvolgere tutti nell'attività, anche i bambini più timidi e silenziosi, senza però insistere troppo per non metterli in difficoltà.

Se disponete di una stampante, potete stampare subito la storia e regalarla agli scrittori in erba, aggiungendo in fondo i loro nomi. Se il gruppo è stato molto partecipativo, potete continuare l'attività proponendo di realizzare anche la copertina e le illustrazioni, e di decidere il titolo e il prezzo di vendita. Può essere utile mostrare ai bambini un libro vero facendo notare loro tutti i dettagli.

Se proponete invece l'attività a un unico bambino, o che ha difficoltà a inventare cose nuove, suggerisco di chiedergli di disegnare la storia, a cui voi poi aggiungerete a mano brevi didascalie di testo.

Attenzione

È un'attività impegnativa.

Case nel mondo

Materiali necessari

Fogli di carta bianca
formato A4
Pennarelli
Forbici
Dorsino per rilegatura
Cartoncino da copertina

5 anni

Giochi in casa

Ogni giorno

Modalità

Disegnate sul foglio bianco delle case ispirate a quelle di varie zone del mondo o alla storia (per esempio, una piramide per l'Egitto, una capanna per la giungla, un igloo per il Polo Nord, una tenda per gli Indiani d'America, una grotta per l'uomo primitivo, un castello medievale per la principessa, una pagoda cinese ecc.). Disegnate anche porte o finestre e ritagliatele in modo che si possano aprire.

Con immagini prese da riviste o stampate dal Web preparate dei fogli con i possibili inquilini di queste abitazioni. Invitate il bambino ad abbinare i personaggi alla casa, a ritagliarli e a incollarli in modo che appaiano aprendo le porte o le finestre.

Aiutatelo nella fase dell'incollatura per evitare che, attaccando le figure, si rischi di non consentire l'apertura delle finestre. Rilegate il lavoro con copertina e dorsino.

Scegliete con il bimbo un titolo altisonante per il volume e mostrate con orgoglio l'opera all'altro genitore.

Attenzione

È un gioco impegnativo per la parte del disegno a cura del genitore, ma potete anche ricorrere a immagini ricalcate da illustrazioni di libri o scaricate dal Web.

Scopri cos'è

Materiali necessari

Cartoncini con figure di oggetti o animali disegnati dal genitore (o presi in prestito da altri giochi, tipo *Memory* o giochi dei nomi delle cose)

5 anni

Giochi in casa

Ogni giorno

Modalità

Un partecipante sorteggia un cartoncino, mentre gli altri a turno gli rivolgono domande per indovinare l'oggetto: «È un animale o un vegetale?»; «È reale o di fantasia?».

Chi indovina riceve un piccolo premio e sceglie il nuovo cartoncino.

Una variante per i bambini più grandi che sanno leggere è quella di scrivere il nome di un oggetto o un animale su un post-it e attaccarlo alla fronte di un partecipante, senza farglielo vedere. Quest'utimo dovrà indovinare chi è, sempre con lo stesso metodo delle domande.

Parole silenziose

Materiali necessari

Nessuno

5 anni

Giochi in casa

Ogni giorno

Modalità

Mettetevi di fronte al bambino e pronunciate una parola in silenzio, accentuando il movimento delle labbra. Il piccolo dovrà indovinarla. Ripetetela più lentamente se non ce la fa subito. Poi invertite i ruoli e provate a scoprire voi la parola silenziosa.

Attenzione

All'inizio può essere difficile indovinare.

Identikit

Materiali necessari

Cartoncino bianco, anche di recupero delle confezioni di merendine
Fogli di carta formato A3
Matita
Pennarelli
Forbici

4 anni

Giochi in casa

Ogni giorno

Modalità

Con il cartoncino preparate molte sagome di occhi, nasi, bocche e capelli, anche buffi e ridicoli, con baffi e senza baffi, maschili e femminili. Su un foglio formato A3 disegnate le sagome di visi (ovali, grassi, allungati ecc.) senza i dettagli. A turno, ciascun bambino non visto compone un volto. Lo mostra per pochi secondi agli altri e poi lo scompone riponendo i dettagli insieme agli altri non utilizzati. Il gioco consiste nel ricomporlo nel più breve tempo possibile.

Attenzione

La preparazione di questa attività è impegnativa.

Libri illustrati

Materiali necessari

Fogli di carta bianchi formato A4
Colla
Forbici
Pennarelli
Biro

5 anni

Giochi in casa

Ogni giorno

Modalità

Preparate dei piccoli libretti formati da 8 facciate bianche. Su ogni pagina riportate in fondo una semplice didascalia che racconti la storia. Leggetele bambino e poi invitatelo a illustrare i vari momenti del racconto.

Attenzione

Vi suggerisco di adottare storie semplici che abbiano come protagonisti animali.

Pantografo umano

Materiali necessari

Fogli di carta bianchi formato A4, anche di recupero
Pennarelli (o matite colorate)

5 anni

Giochi in casa

Ogni giorno

Modalità

L'adulto e il bambino si siedono schiena contro schiena, anche su due sedie. A turno, uno dei due, mentre disegna sul proprio foglio, indica all'altro di eseguire lo stesso disegno, specificando: cosa disegnare, la posizione (destra, sinistra, alto, basso) e la dimensione (grande, piccolo).

Alla fine confrontate la somiglianza tra originale e copia.

Attenzione

Questa attività si può fare anche in gruppo. A turno, un bambino dà le indicazioni e gli altri eseguono.

Foto-Memory

Materiali necessari

Fotografie doppie di parenti e amici
Cartoncino bianco, anche di recupero delle confezioni di merendine

5 anni

Giochi in casa

Ogni giorno

Forbici
Colla stick

Modalità

Ritagliate dal cartoncino un numero pari di tessere quadrate, e incollateci sopra le coppie di soggetti fotografici. Disponete le tessere coperte a scacchiera e buon *Memory*.

Attenzione

Le foto dei soggetti che formano la coppia possono essere identiche o meno, purché ritraggano lo stesso parente o amico perfettamente riconoscibile.

Shangai

Materiali necessari

Spiedini di legno
Pennarelli

5 anni
Giochi in casa
Ogni giorno

Modalità

Invitate il bambino a colorare a piacimento con i pennarelli gli spiedini, spiegategli come funziona lo Shangai (ogni giocatore lascia cadere gli spiedini a ventaglio sul tavolo, poi li toglie dal gruppo a uno a uno cercando di non muovere gli altri) e infine giocateci in una versione più semplice, decidendo che vince chi conquista più spiedini.

Solletico comandato

Materiali necessari

Piumino per polvere
usa e getta non usato
Sedia

5 anni
Giochi in casa
Ogni giorno

Modalità

Fate sedere il bambino su una sedia comoda, mostrategli il piumino e spiegategli che dovrà dirvi la parte del corpo in cui vuole essere solleticato (per esempio, ginocchio destro, orecchio sinistro ecc.). Evitate occhi e bocca. Posizionatevi dietro la sedia ed eseguite i suoi comandi. Poi i ruoli si invertono e sarà lui a fare il solletico al comando dell'adulto.

Correggetelo con gentilezza ogni volta che inevitabilmente sbaglierà.

Letture disegnate

Materiali necessari

Fogli di carta formato A4, anche di recupero
Matita
Pennarelli
Pastelli

5 anni
Giochi in casa
Ogni giorno

Modalità

Scrivete sui fogli frasi brevi, sostituendo alcune parole con semplici disegni (albero, casa, cuore, cane, sole ecc.), e leggetele scorrendo con le dita il testo insieme al bambino e facendogli individuare e pronunciare i nomi dei disegni.

Attenzione

Questa attività richiede una preparazione impegnativa da parte dell'adulto.

Bianco-nero-sì-no

Materiali necessari

Nessuno

5 anni
Giochi in casa o in auto
Ogni giorno

Modalità

Questo gioco mi è stato proposto da un compagna di scuola di mia figlia; in molteplici occasioni lo abbiamo praticato con successo.

Le parole «bianco, nero, sì, no» sono proibite. Chi è di turno interroga gli altri bambini con domande che facilmente condurrebbero a una delle risposte vietate (per esempio: «Di che colore è la neve?»). Se il bambino ne pronuncia una, prende il posto di chi fa le domande.

Gioco delle qualità

Materiali necessari

Nessuno

5 anni

Giochi in casa o in auto

Ogni giorno

Modalità

Se dovete ingannare i momenti di attesa o distrarre i bambini annoiati da un viaggio in auto, provate a fare una gara proponendo un nome e chiedendo loro di trovare tutte le sue possibili qualità (per esempio, sole: luminoso, caldo, giallo, infuocato ecc. Mare: burrascoso, calmo, bagnato, pulito ecc.).

Alfabeto nel sacchetto

Materiali necessari

Lettere delle lavagnette magnetiche
Sacchetto di stoffa

5 anni

Giochi di gruppo

Ogni giorno, compleanno

Modalità

Disponete i bambini in fila. L'adulto estrae dal sacchetto una lettera a caso e prima di mostrarla chiede al bambino che ha di fronte di dirgli il nome di un animale o una città o una pianta o un colore o un gioco o un cartone animato che iniziano con la lettera estratta (decidetelo prima di mostrargliela). Se non risponde subito perde. Dopo ogni domanda si prosegue con il bambino successivo. In mancanza delle letterine magnetiche, sarà sufficiente fargli dire una lettera a piacimento o scriverle su bigliettini, sempre da estrarre per poi procedere normalmente.

Animale misterioso

Materiali necessari

Nessuno

5 anni

Giochi di gruppo

Ogni giorno, compleanno

Modalità

Stabilite quale bambino del gruppo deve fare l'animale. Dopo che avrà pensato quale, risponderà alle domande che gli faranno gli altri bambini per indovinare. Le domande devono essere tali che la risposta sia solo sì o no. A turno, tutti devono partecipare.

Caccia al prezzo

Materiali necessari

Etichette degli abiti recanti il prezzo

Computer (o calcolatrice a nastro)

5 anni

Giochi di gruppo

Ogni giorno, compleanno

Modalità

Senza farvi vedere, appendete con lo spago le etichette ovunque in casa (su mobili, quadri, piante, giochi, lampade ecc.). Se siete all'aperto, utilizzate alberi, arbusti, sedie, giochi ecc. Invitate i bambini alla caccia al prezzo. Chi trova un'etichetta deve riportarla all'adulto e dire a voce alta il prezzo in euro, anche pronunciando le due cifre distinte per i numeri superiori a 10 se non li riconosce (per esempio, per 25 euro: 2 e 5). Il genitore provvederà a sommare il prezzo in euro con la calcolatrice o il computer. Stabilite prima del gioco una soglia da raggiungere (per esempio, 200, 500 o 1.000, a seconda del numero di etichette nascoste) che permetterà ai bambini di vincere un piccolo premio (una caramella o un cioccolatino).

Segnalate l'avvicinamento al traguardo per accrescere la tensione della ricerca.

Attenzione

Suggerisco di iniziare almeno 6 mesi prima la raccolta delle etichette, conservando sempre le proprie ed eventualmente chiedendo a parenti e amici di consegnarvi le loro. Il gioco risulta più agevole se proposto a bambini in età scolare, perché conoscono già i numeri.

Misuriamo

Materiali necessari

Oggetti vari di facile utilizzo (matite, scarpe, macchinine, gomme da cancellare, bastoncini...)
Tazze di plastica
Secchielli (o bacinelle)

5 anni

Giochi di gruppo

Ogni giorno

Modalità

Il gioco consiste nel misurare oggetti grandi (come un tavolo, un'automobile, un tappeto...) utilizzando oggetti piccoli. Mostratene alcuni al bambino e fategli scegliere l'unità di misura preferita, poi ditegli di spostarla tante volte fino ad aver misurato l'intera lunghezza dell'oggetto grande. Agevolatelo mostrandogli prima una misurazione svolta da voi come esempio. Aiutatelo a contare mentre sposta l'unità di misura.

Con le tazze di plastica si può misurare il volume di acqua contenuto in un secchiello o in una bacinella travasandone il contenuto. Per i più grandi potete aggiungere anche la sfida di indovinare, prima della misura, il numero che risulterà dalla prova.

Fantasy Circus

Materiali necessari

Vestiti per travestimenti (abiti di Capodanno, costumi di Carnevale, vecchie tende ecc.)
Tappetino da ginnastica
Rossetto
Matita nera per occhi
Barattolo da marmellata
Calamita
Graffetta
Bacchetta magica
Giochi di prestigio in scatola
2 secchielli di plastica
Coriandoli
Catena con anelli di carta
Palloncini

5 anni

Giochi di gruppo

Compleanno

Modalità

L'attività consiste nel far esibire i bambini in un vero spettacolo da circo. Le attrazioni dovranno essere «calibrate» sull'effettiva età dei partecipanti.

Iniziate con una semplice parata a suon di musica degli artisti travestiti con abiti bizzarri. Proseguite con le acrobazie, facili esercizi del tipo: capriole da eseguire sul tappetino da ginnastica; la ruota per chi è già capace; l'adulto che solleva di peso i bambini stesi in posizione rigida con le braccia aperte ad angelo; l'adulto che dispone i bambini in fila e li invita a tuffarsi rigidi all'indietro a braccia aperte prendendoli al volo; l'adulto che si sdraia prono e invita i piccoli a passeggiargli uno per volta sulla schiena.

Poi scegliete il bambino più grande, disegnategli un paio di baffetti a ricciolo e fategli interpretare l'uomo forzuto che ringhia al pubblico, spezza a mani nude la catena di carta e solleva i palloncini con scritto sopra «50 kg».

Il prestigiatore potrà eseguire facili trucchi tra quelli contenuti nei giochi di magia in scatola; in alternativa, ve ne suggerisco uno semplice: quello del barattolo con la calamita attaccata sotto il tappo. Inserite una graffetta metallica nel barattolo, rovesciatelo e voilà, resterà catturata dalla calamita e sembrerà scomparsa.

Non dovranno mancare i pagliacci a cui colorerete il naso con il rossetto rosso. Una scenetta molto efficace che coinvolge tutti è quella del clown adulto che viene inseguito dai piccoli con uno spruzzino per bucato ad acqua. Poi lui cerca di vendicarsi con un secchiello pieno di acqua, che però non arriva a segno. Infine, rovescia il contenuto del secondo secchiello sul pubblico (ma ovviamente in questo caso si tratta di coriandoli).

Attenzione

È un'attività impegnativa per l'adulto che fa da animatore e istruttore. Provate tutti gli esercizi con i bambini almeno una volta prima dell'esibizione. I numeri possono essere anche di tipo sportivo (in questo caso si tratterà di *Fantasy Olimpiadi*). È meglio eseguire all'aperto i giochi con l'acqua o di giocoleria.

Sacco della strega

Materiali necessari

Sacchetto di stoffa per piccoli regali
Travestimento da strega (cappello e mantello)

5 anni
Giochi di gruppo
Halloween

Modalità

L'adulto, travestito da strega, mostra ai bambini il sacchetto di stoffa chiuso. A turno, questi dovranno inserire la mano nel sacchetto per pescare un premio a caso. La strega deve stringerne improvvisamente l'imboccatura del sacchetto mentre il bambino ha ancora la mano dentro, per spaventarlo bonariamente e dissuaderlo dalla presa.

Attenzione

Un bambino più pauroso o piccolo potrebbe spaventarsi troppo, perciò calibrate gli interventi.

Smorfio-carte

Materiali necessari

Cartoncino bianco,
anche di recupero
delle scatole di merendine
Macchina fotografica digitale
Computer
Stampante
Colla stick
Forbici

5 anni
Giochi di gruppo
Ogni giorno

Modalità

Fotografate i bambini mentre fanno le smorfie, poi stampate le immagini su carta utilizzando una dimensione di stampa pari all'incirca a una carta da gioco. Create un mazzo di carte di smorfie incollando ciascuna foto al cartoncino. Mescolate le carte e fatene pescare una a turno ai bambini, che dovranno imitare le smorfie della foto sorteggiata.

Per accelerare i tempi, potete preparare prima le carte con la collaborazione di vostro figlio.

Potete sperimentare una versione alternativa, che non richiede le smorfie, realizzando in aggiunta un tabellone con le medesime fotografie di dimensione ancora più ridotta, tipo francobollo. I partecipanti sorteggiano a turno le carte e vince chi indica per primo con il dito la smorfia sul tabellone.

Addobbi di Halloween

Materiali necessari

Tovaglioli di carta rossi, neri,
arancioni e bianchi
Pennarelli neri e argentati
Spago
Fogli di giornale
Carta crespa verde o guttaperca (il nastro verde dei fiorai)

5 anni
Lavoretti di Halloween
Halloween

Modalità

Appallottolate i fogli di giornale così da formare delle palle grosse come un mandarino. Mettetene una al centro del tovagliolo dispiegato, stringete la «testa» con uno spago e decoratela con i pennarelli. Con il tovagliolo rosso realizzate il diavolo, a cui aggiungerete un mantello fatto con il tovagliolo nero. Con quello bianco invece create i fantasmi, con un altro nero e il pennarello argento il pipistrello. Con il tovagliolo arancione potete realizzare delle zucche, avvolgendo il picciolo con il nastro adesivo e ricoprendolo di carta crespa verde (o guttaperca). Unite le decorazioni in modo da ottenere un festone che appenderete nella stanza del party.

Attenzione

Sono addobbi facilissimi ma di grande effetto.

Cuscino-zucca di Halloween

Materiali necessari

Cuscino rotondo da cucina arancione
Pennarelli indelebili

5 anni

Lavoretti di Halloween

Halloween

Modalità

Fate disegnare al bambino sul cuscino una zucca mostruosa e poi appendetelo alla porta di casa la notte di Halloween.

Attenzione

È un addobbo facilissimo ma di grande effetto.

Addobbi 3D

Materiali necessari

Cartoncino colorato
Cartoncino bianco di recupero delle confezioni di merendine
Forbici
Matita
Gomma
Nastrini colorati
Pinzatrice metallica
Colla glitter

5 anni
Lavoretti di Natale
Natale

Modalità

Disegnate sul cartoncino bianco di recupero delle figure perfettamente simmetriche (per esempio, stelle o palle di Natale). Fate ricalcare e ritagliare al bambino due volte sul cartoncino colorato la figura prescelta. Effettuate 2 tagli verticali in corrispondenza dell'asse centrale della figura in modo da raggiungerne la metà, e in modo che una figura abbia il taglio nella parte superiore e l'altra nella parte inferiore. Assemblate i 2 cartoncini utilizzando la tecnica già illustrata per l'*Albero quattro stagioni* (*vedi* a p. 157). Completate l'addobbo 3D con decorazioni glitter e un nastrino per poterlo appendere.

Attenzione

Potete realizzare questi addobbi anche per altre festività, cambiando i soggetti (per esemio, cuori per San Valentino o la festa della mamma) e seguendo il medesimo procedendo.

Angeli di pasta

Materiali necessari

Pasta di vari formati (farfalle, orecchiette, maccheroni...)
Pennarelli dorati

5 anni
Lavoretti di Natale
Natale

Colla glitter
Colla vinilica

Modalità

Il lavoretto si svolge in due fasi, perciò dovete spiegare al bambino di avere pazienza. Se è ancora troppo piccolo per manipolare con precisione la pasta, preparate voi prima gli angeli e invitatelo solo a colorarli. Con abbondante colla vinilica attaccate i vari formati di pasta per costruirli: orecchiette per la testa, maccheroni per il corpo, farfalle per le ali. Lasciate asciugare una notte e poi fateglieli colorare con i pennarelli dorati e la colla glitter. Se li dotate di uno spaghino dorato possono essere anche usati come addobbi per l'albero di Natale.

Biglietti in rilievo

5 anni
Lavoretti di Natale
Natale

Materiali necessari

Numerose fotocopie di immagini con soggetti natalizi
Pennarelli
Colla glitter
Cartone ondulato di recupero
Cartoncino colorato
Colla vinilica

Modalità

Invitate il bambino a colorare più copie dell'immagine natalizia prescelta. Fategli poi ritagliare alcuni dettagli che ritenete possano essere messi in rilievo (per esempio, un pacco dono, le palline dell'albero di Natale, il sacco dei doni ecc.). Se i dettagli sono molto piccoli, provvederete voi a ritagliarli. Ricomponete e incollate l'immagine sulla facciata esterna di un cartoncino piegato in 2 per realizzare il biglietto d'auguri, avendo l'accortezza di anteporre al dettaglio che intendete mettere in rilievo un piccolo pezzo di cartoncino ondulato, per creare uno spessore. Completate con la colla glitter.

Ghirlanda di Natale

Materiali necessari

5 anni

Lavoretti di Natale

Natale

Sottotorta di cartone
di misura piccola
Colori a tempera
Pennarelli
Pennarelli dorati e argentati
Carta dorata
Carta da regalo natalizia, anche di recupero
Spago dorato
Fiocchi da confezione regalo
Colla glitter
Colla stick
Forbici

Modalità

Rimuovete il cerchio centrale dal sottotorta di cartone. Fatelo colorare al bambino con le tempere e i pennarelli. Quando è asciutto, con la tecnica del collage e del disegno fatelo decorare con motivi natalizi utilizzando in abbondanza il color oro, la colla glitter e i fiocchi. Fate passare lo spago nel foro centrale e appendete la ghirlanda alla porta di casa.

Angioletti di bicchieri

Materiali necessari

5 anni

Lavoretti di Natale

Natale

Bicchieri da spumante
trasparenti usa e getta
con coppe e piedi separabili
Tovaglioli di carta rosa
Pennarelli a punta fine
Carta dorata
Cartoncino bianco, anche di recupero
Colla vinilica
Colla glitter (o pennarelli indelebili dorati e argentati)
Nastro adesivo

Modalità

Utilizzate le coppe dei bicchieri come corpo dell'angelo; con i tovaglioli di carta appallottolati e ricoperti con un tovagliolo teso realizzate la testa, che fermerete alla punta del cono con abbondante nastro adesivo. Con il cartoncino rivestito di carta dorata incollata realizzate le ali e le braccia dell'angelo, che attaccherete con il nastro adesivo al corpo trasparente. Decorate quest'ultimo con glitter e pennarelli dorati e disegnate con i pennarelli fini i tratti del volto, facendo attenzione a non premere a fondo perché la carta dei tovaglioli è molto assorbente e si potrebbe macchiare.

Palma di carta del presepe

Materiali necessari

Cartoncino ondulato leggero (ottimo quello degli imballaggi di biscotti o crackers)
Cartoncino rigido, anche di recupero
Fogli di carta bianca
Nastro adesivo
Colla vinilica
Pennarelli
Stuzzicadenti
Forbici
Matita

5 anni

Lavoretti di Natale

Natale

Modalità

Fate tagliare al bambino delle strisce di larghezza uniforme dal cartoncino ondulato. Se è di recupero, utilizzate le piegature esistenti come traccia per ritagliare. Fate poi arrotolare le strisce da fermare con colla vinilica (con la parte ondulata all'interno). Sovrapponete i rotoli unendoli con lo stuzzicadenti infilzato e la colla vinilica (il fusto della palma). Con il cartone rigido costruite una base ampia su cui incollare il fusto. Disegnate sul foglio bianco le foglie lanceolate della palma, coloratele di verde, ritagliatele e arrotolatele sulla matita per dare una forma arricciata. Incollatene almeno 5 alla sommità del fusto. Colorate a piacimento il fusto e la base con i pennarelli, aggiungendo anche i dettagli.

Attenzione

Potete proporre l'attività anche nel periodo non natalizio, presentandola come un'isola del tesoro e modificando i dettagli.

Angioletto di carta

Materiali necessari

5 anni

Lavoretti di Natale

Natale

Cartoncino ondulato leggero (ottimo quello degli imballaggi di biscotti o crackers)
Cartoncino rigido, anche di recupero
Carta dorata
Creta da modellare (tipo Das)
Nastro adesivo
Colla vinilica
Pennarelli
Stuzzicadenti
Forbici
Matita
Cotton fioc

Modalità

Fate tagliare al bambino delle strisce di larghezza uniforme dal cartoncino ondulato. Se è di recupero, utilizzate le piegature esistenti come traccia per ritagliare. Fate poi arrotolare le strisce da fermare con colla vinilica (con la parte ondulata all'interno). Con il cartone rigido costruite una base poco più ampia del corpo su cui incollarla. Infilzate in quest'ultimo lo stuzzicadenti e la pallina per la testa con l'aggiunta di una goccia di colla vinilica. Disegnate sulla carta dorata le ali e l'aureola, ritagliatele e incollatele all'angelo. Piegate a metà un cotton fioc, tagliando lungo la piega per ottenere 2 braccia. Con la colla vinilica attaccatele poi al corpo dalla parte del cotone. Unite le due mani a reggere un piccolo foglio piegato a libro. Colorate a piacimento corpo e testa con i pennarelli, aggiungendo anche i dettagli.

Attenzione

Modificando accessori e dettagli, potete realizzare delle Befane al posto degli angioletti.

Babbo Natale a cono

Materiali necessari

Cartoncino rosso
Carta bianca
Cotone idrofilo
Pennarelli
Piatto di carta
Matita
Forbici
Pinzatrice
Colla vinilica

5 anni

Lavoretti di Natale

Natale

Modalità

Con l'aiuto del piatto di carta disegnate un cerchio sul cartoncino. Piegatelo a metà e ritagliatelo lungo la piega. Arrotolate a cono e fermate con la pinzatrice il primo semicerchio. Dividete a metà il secondo semicerchio e realizzate un cono più piccolo, che servirà per il cappello. Disegnate, colorare e ritagliate il volto di Babbo Natale e i guanti. Ritagliate e incollate sul cono grande i particolari. Attaccate con la colla vinilica la barba sul viso e la pelliccia sul cappello, che avrete realizzato con il cotone idrofilo.

Tanti Babbo Natale a cono possono essere anche usati da infilare sulla punta dei rami dell'abete natalizio.

Attenzione

Con cerchi di misure inferiori potete realizzare dei divertenti segnaposto per la tavola di Natale. I bambini più piccoli possono realizzare e decorare con il soggetto di Babbo Natale solo il primo cono.

Vetrofanie di Natale o Pasqua

Materiali necessari

5 anni

Lavoretti di Natale (o Pasqua)

Natale (o Pasqua)

Coperchi trasparenti
di confezioni grandi di yogurt
(in alternativa, si trovano
con certe vaschette
di alluminio usa e getta per muffin e budini)
Carta bianca
Pennarelli
Nastro adesivo
Spago dorato
Forbici

Modalità

Mostrate al bambino il coperchio con un lavoretto già eseguito da voi. Invitatelo a disegnare un soggetto invernale e natalizio o primaverile e pasquale sul foglio di dimensione tale da essere contenuto nel coperchio. Fatelo colorare e ritagliare e poi attaccatelo al coperchio con il nastro adesivo trasparente. Attaccate sempre con il nastro adesivo lo spago all'aletta del coperchio e appendete la vetrofania alla finestra.

Attenzione

Suggerisco di iniziare almeno un mese prima la raccolta dei coperchi, eventualmente chiedendo anche a parenti e amici di conservarli per voi.

Cornucopia di Pasqua

Materiali necessari

5 anni

Lavoretti di Pasqua

Pasqua

Creta da modellare (tipo Das)
color terracotta
Fiori finti
Nastri di raso
Forbici
Colla vinilica

Modalità

Preparate precedentemente con la creta delle piccole cornucopie di terracotta, che lascerete ad asciugare alcuni giorni. Mostrate al bambino i fiori finti con cui lo inviterete a riempire la cornucopia. Completate la decorazione con i nastri colorati.

Attenzione

In alternativa, potete realizzare dei semplici tubicini di terracotta ottenuti arrotolando delle sfoglie di terracotta attorno a un tubo. I bambini più grandi e pazienti possono realizzare da sé le cornucopie di terracotta. È un ottimo regalo anche per la festa della mamma.

Portacandele

Materiali necessari

Vasetti di yogurt di vetro
Colori acrilici
Pennelli
Candele per lumini con base in alluminio
Carta alluminio da cucina

5 anni

Lavoretti per la mamma

Festa della mamma

Modalità

Utilizzate il colore piuttosto puro e invitate il bambino a dipingere il vasetto dall'interno in modo che sia interamente dipinto. Lasciate asciugare e poi, ripiegando la carta alluminio, ottenete un nastro spesso che arrotolerete per creare una base da inserire sul fondo del vasetto. Inserite la candela.

Attenzione

La candela va accesa solo da un adulto.

Cuori 3D

Materiali necessari

Cartoncino bianco (o colorato), anche di recupero delle confezioni di merendine
Forbici
Pinzatrice metallica
Colla stick
Colla vinilica
Colla glitter
Pennarelli

5 anni

Lavoretti per la mamma

Festa della mamma

Modalità

Incollate 2 fogli di cartoncino tra loro se entrambe le superfici non fossero bianche, altrimenti sul lato colorato incollate un foglio di carta A4.

Disegnate sul cartoncino bianco così preparato un cuore grande e il più possibile simmetrico. Fatelo ritagliare e ricalcare al bambino per realizzarne uno identico con un altro cartoncino. Disegnate a matita con un tratto leggero una linea in corrispondenza dell'asse centrale e segnalatene la metà con un puntino. Tagliate lungo la riga fino a metà la parte superiore di un cuore, e quella inferiore dell'altro, poi assemblateli con la tecnica già illustrata nell'*Albero quattro stagioni* (*vedi* a p. 157). Prima di assemblarlo in via definitiva, al bambino fate colorare e decorare a piacimento i cuori, magari aggiungendo qualche bella frase di augurio.

Attenzione

Potete realizzare cuori più piccoli e numerosi anche come addobbi natalizi.

Mobilos

Materiali necessari

2 appendini di filo metallico
Spago sottile
Oggetti decorativi leggeri
Foto di famiglia
Nastro adesivo
Colla

5 anni

Lavoretti per la mamma

Festa della mamma

Modalità

I mobilos sono decorazioni da appendere per la casa che si muovono al vento. L'adulto deve preparare in precedenza il supporto costituito dai 2 appendini incrociati perpendicolarmente e tenuti fermi con abbondante nastro adesivo. Prima di unirli, ruotate la direzione di uno dei 2 ganci in modo che, una volta accoppiati, siano allineati a formare un unico gancio. A ognuno dei quattro angoli appendete lo spago sottile.

Fate scegliere al bambino oggetti decorativi che possono essere appesi o annodati facilmente al filo: suggerisco, per la mamma, fiori finti, vecchi orecchini inutilizzati, piccoli disegni e ritagli di foto di famiglia; per il papà, il disegno dello scudetto della squadra del cuore, piume, pesciolini di plastica, piccoli disegni e ritagli di foto di famiglia. Completate il capolavoro con un fiocco vistoso in cima al gancio.

Dado delle emozioni

Materiali necessari

Dado grande, realizzato anche con un cubo di cartoncino o rivestendo un cubo da puzzle
Fogli di carta bianchi, anche di recupero
Colla
Pennarelli
Macchina fotografica digitale

5 anni

Teatro

Ogni giorno

Modalità

Preparate il dado disegnando su ogni faccia un volto stilizzato che rappresenti alcune emozioni (paura, gioia, tristezza, disgusto...), oppure che urli o sorrida. Lanciate a turno il dado e chiedete al bambino quale emozione è disegnata. Proseguite provando a mimare l'emozione corrispondente oppure, se il piccolo non vuole, a disegnarla su un foglio. In questo gioco il genitore deve essere particolarmente partecipativo, adattando il proprio volto alle emozioni in gioco ricorrendo anche alle divertenti mimiche clownesche.

Una variante semplificata dell'attività, da realizzare in mancanza del dado, consiste nel preparare tante cornici di carta con scritta in basso un'emozione. Invitate il bimbo a inserire il viso dentro una di queste cornici e a mimare l'emozione corrispondente mentre voi lo fotografate. Mostrategli subito le foto lodandolo e ridendo con lui delle espressioni più buffe.

Attenzione

Provate con il metodo semplificato della macchina fotografica anche con bambini di età inferiore ai 5 anni.

Burattini di legno

Materiali necessari

Cucchiai di legno da cucina
Lana
Carta crespa colorata
Tovaglioli di carta
Cartoncino bianco,
anche di recupero delle confezioni
di merendine
Pennarelli
Pennarelli indelebili
Colla vinilica
Forbici
Nastro adesivo di carta
Tovaglia da cucina

5 anni

Teatro

Ogni giorno

Modalità

La prima fase di questo gioco consiste nella creazione di burattini utilizzando i cucchiai di legno. Invitate il bambino a scegliere il personaggio da realizzare, poi mostrategli il cucchiaio su cui dovrà disegnare la testa con i pennarelli indelebili. Suggeritegli di aggiungere i dettagli dei capelli, della barba, della corona ecc. incollando la lana o la carta crespa tagliuzzata. Con il cartoncino realizzate 2 braccia, che incollerete al manico del burattino. Con la carta crespa e i tovaglioli di carta potete anche ritagliare e incollare gli abiti, che dovranno essere decorati con i pennarelli o altra carta crespa (per cinture, gioielli, bottoni, cappelli).

La seconda fase consiste nello spettacolo dei burattini appena creati. Realizzate il teatro appendendo, distesa, la tovaglia da cucina e posizionandola nel vano di una porta a un'altezza che consenta ai bambini di manovrare i burattini stando in piedi. Per fermare la tovaglia utilizzate abbondante nastro adesivo di carta. Invitate altri familiari adulti ad assistere allo spettacolo, che sarà sicuramente recitato «a braccio», ma non per questo meno divertente. Per accentuare l'importanza dell'evento fingete di vendere i biglietti, accompagnate gli spettatori al posto, distribuite popcorn. Durante lo spettacolo provate a coinvolgere i giovani burattinai con domande e battute che li aiutino a sviluppare la storia.

Indovina le ombre

Materiali necessari

Scatola da scarpe di cartone
Forbici
Taglierino
Carta da lucido
Nastro adesivo
Piccoli giocattoli
Torcia

5 anni
Teatro
Compleanno

Modalità

Costruite un teatrino delle ombre cinesi con la scatola da scarpe ritagliando la parte centrale del fondo della scatola (utilizzando eventualmente un taglierino per il cartone). Chiudete l'apertura realizzata con della carta da lucido (quella per i disegni tecnici).

Il gioco consiste nell'indovinare l'oggetto misterioso inserito nella scatola e illuminato dal retro del teatro con una torcia osservando solo l'ombra che proietta sulla carta lucida.

Attenzione

La preparazione di questa attività è leggermente laboriosa.

6 ANNI

Con l'ingresso alla scuola primaria tutti (nonni, zii e talvolta anche mamma e papà) si aspettano che il bambino sia finalmente diventato grande: lo è sicuramente, ma non sempre e non in tutte le circostanze.

Crescere significa essenzialmente diventare autonomi e capaci di pensieri e scelte proprie. L'autonomia è una conquista complessa, che di rado procede linearmente. Salti e retromarce sono la norma che manda più spesso in confusione i genitori.

Vi siete appena illusi che vostro figlio abbia acquisito finalmente una nuova competenza scolastica ma, quando meno ve lo aspettate, inciamperà in qualche errore inspiegabile. Probabilmente basterà ricordargli la regola, citare un esempio significativo e incoraggiarlo, ma non sempre noi genitori siamo pronti ad affrontare con la giusta serenità la frustrazione che ne deriva. Ricordo ancora il volto stupito e rasserenato di mia figlia alle prese con le tabelle di matematica fatte di righe e colonne (tipo battaglia navale) quando per farle capire definitivamente la differenza tra righe e colonne le mostrai l'immagine di un tempio greco tratta da un vecchio libro di storia. Spesso ci dimentichiamo che molto di quello che viene insegnato a scuola non è né ovvio né logico, ma solo il frutto di convenzioni secolari. La stessa grammatica ne è piena: perché mai dobbiamo mettere la lettera H davanti alla lettera A solo in alcuni casi e in altri no, anche se il suono che si pronuncia è lo stesso? Provate a pensarci e a quanto deve risultare difficile per il bambino assimilare tutte queste regole autoreferenziate.

Non date nulla per scontato: gestire uno zaino con numerosi libri e altrettanti quaderni è difficile, persino trovare il punto giusto della pagina bianca su cui scrivere a volte è un enigma per lo scolaro.

Purtroppo, quando si arriva finalmente al traguardo della scuola elementare, noi genitori ormai abbiamo dimenticato definitivamente la nostra personale esperienza scolastica: le paure quotidiane, le difficoltà, le delusioni. Se siamo fortunati, consultando sbiadite foto di classe, ricordiamo ancora nomi e volti di maestre e compagni, episodi salienti, ma comunque si tratta di pochi, sparuti ricordi. Sicuramente non ricordiamo più la fatica dell'apprendere nozioni che a noi oggi appaiono scontate.

Perciò armatevi di tanta pazienza e tenetevi pronti ad ascoltare assiduamente e con partecipazione vostro figlio per cogliere ogni sua difficoltà; ad aiutarlo senza mai sostituirvi a lui e ad accompagnarlo con discrezione nella fase delicata della crescita in cui il confronto del bambino con gli altri e il mondo diventa preminente.

Alcune delle attività proposte in questo capitolo, oltre che ottime occasioni di gioco e intrattenimento, sono state concepite e realizzate con lo scopo di produrre un rinforzo positivo alle attività scolastiche intensificando, senza mai sostituirlo, il competente lavoro delle nostre eccellenti maestre di scuola elementare, a cui dovrebbe andare più di un plauso.

Torta a strati

Materiali necessari

Pan di Spagna pronto
Preparato per crema pasticcera (ai gusti vaniglia e cioccolato)
Codette di cioccolato (o colorate)
Meringhe
Farina di cocco
Latte
Frusta da cucina
Dosatore di liquidi
Ciotole
Cucchiai

6 anni

Cucina

Ogni giorno

Modalità

Con l'aiuto del bambino preparate le creme di farcitura a freddo, seguendo le istruzioni della confezione e focalizzando l'attenzione sul metodo di misurazione dei liquidi con il bicchiere dosatore. Bagnate le fette di pan di Spagna pronto con un po' di acqua e zucchero per ammorbidirle. Unite alle creme la farina di cocco e farcite ogni strato, compreso l'ultimo, che guarnirete con codette o meringhe.

Mela grattugiata

Materiali necessari

Mele mature
Grattugia da mela
Piattino
Cucchiaio
Farina di cocco
Zucchero
Graniglia di nocciole
Coppetta
Coltello

6 anni

Cucina

Ogni giorno

Modalità

Sbucciate 2 mele per ogni bambino. Dopo avergli mostrato come si utilizza la grattugia, fategli grattugiare la polpa, che verserete poi in una ciotola. Zuccherate, aggiungete farina di cocco e graniglia di nocciole. Porzionate in coppette individuali e servite. Buona merenda.

Rose di carta

Materiali necessari

Carta crespa colorata e verde
Cartoncino bianco di recupero delle confezioni di merendine

6 anni

Cartonnage

Ogni giorno

Colla vinilica
Forbici

Modalità

Si tratta di un'attività che richiede una ottima manualità, perciò vi consiglio di mostrare attentamente al bambino ogni singolo passaggio, prima di invitarlo a ripeterlo. Ritagliate una striscia di carta crespa della lunghezza di 4 cm, ripiegatela 3 volte come se la arrotolaste, poi schiacciatela a formare un nastro. Partendo da un capo iniziate a fare tante pieghe a caramella, fino a ottenere una specie di collana di pieghe a caramella (quando cioè si attorciglia la carta su se stessa come nell'involucro del noto dolciume). A parte ritagliate un dischetto di cartone su cui incollerete le foglie verdi di carta crespa. Arrotolate il nastro a partire da un capo a formare una rosa, che poi incollerete sul dischetto preparato in precedenza con abbondante colla vinilica. Con lo stesso procedimento potete realizzare tanti fiori da incollare per realizzare delle composizioni floreali. La dimensione finale della rosa dipende dalla dimensione e dalla lunghezza del nastro piegato a caramella. Conviene fare prima delle prove a perdere.

Attenzione

Questo lavoretto richiede una ottima manualità; può essere un gradito dono per la festa della mamma.

Tagliere decoupage

Materiali necessari

Piccolo tagliere di legno non trattato
Colori acrilici (o a tempera)
Spugne da cucina (o pennelli grandi)
Carta da regalo
Colla vinilica
Colla glitter
Forbici

6 anni
Cartonnage
Ogni giorno

Modalità

Con i colori acrilici e le spugne da cucina fate dipingere al bambino la superficie del tagliere di legno. In attesa che il colore asciughi, fategli anche ritagliare le immagini preferite dalla carta da regalo. Le deve poi disporre a piacimento sul tagliere; incollatele e aggiungete eventualmente delle decorazioni con la colla glitter.

Creo il mio fumetto

Materiali necessari

Fogli di carta formato A4, anche di recupero
Matita
Gomma
Pennarelli (o pastelli)

6 anni
Cartonnage
Ogni giorno

Modalità

Mostrate al bambino come è fatto un fumetto, scegliendo un esempio semplice (la Pimpa o Winnie the Pooh). Invitatelo quindi a disegnarne uno dividendo prima lo spazio in riquadri, poi animandolo con i personaggi e infine decidendo come riempire i *balloon* con i dialoghi.

Attenzione

Assistete e guidate il bambino con domande e incoraggiamenti mentre cerca di ideare e tramutare in disegno la sua storia. Se è in difficoltà a scrivere, provvederete voi stessi.

Paesaggio animato

Materiali necessari

Foglio di carta formato A4, anche di riciclo
Pastelli (o pennarelli)

6 anni
Cartonnage
Ogni giorno

Nastro adesivo
Colla stick
Forbici
Cannucce

Modalità

Sul foglio, fate disegnare e colorare al bambino un paesaggio semplice (per esempio, il mare, un prato ecc.). Ritagliate una striscia di carta della misura del lato lungo del foglio, coloratela con il colore del paesaggio principale (azzurro con le onde per il mare, verde con i fiori per il prato...) e incollatela sul disegno solo ai bordi laterali, in modo che possa essere attraversato da una cannuccia. Fate disegnare, ritagliare e incollare sulla cannuccia dei personaggi e poi animateli all'interno del paesaggio.

Attenzione

Lasciate che il bambino animi la storia a piacimento. Questa attività è stata completamente ideata e realizzata in autonomia da mia figlia.

Castello di carta

Materiali necessari

Cartoncino ondulato leggero (ottimo quello degli imballaggi di biscotti o crackers)
Nastro adesivo
Colla vinilica
Pennarelli
Stuzzicadenti
Forbici

6 anni
Cartonnage
Ogni giorno

Modalità

Dal cartoncino ondulato fate tagliare al bambino delle strisce di larghezza uniforme. Se è di recupero, utilizzate le piegature già esistenti come indicazioni. Fate arrotolare le strisce, da fermare poi con la colla vinilica. Sovrapponete i rotoli unendoli con lo stuzzicadenti infilzato e la colla vinilica (saranno le torri). Con il cartone ondulato rimasto costruite un perimetro quadrangolare (sarà il corpo del castello). Agli angoli attaccate le 4 torri con il nastro adesivo. Ritagliate nella parte anteriore il ponte levatoio e fate decorare con i pennarelli le pareti con i dettagli di porte, finestre, fiori e stemmi. Con carta e stuzzicadenti potete realizzare anche gli stendardi.

Rompere le scatole

6 anni

Cartonnage

Ogni giorno

Materiali necessari

Scatola di cartone piccola
(tipo confezione del tè
o delle creme cosmetiche)
Foglio da disegno
(o cartoncino leggero)
Matita
Gomma
Forbici
Colla vinilica
Nastro adesivo trasparente
Pennarelli

Modalità

Aprite delicatamente la scatola scollando tutte le sue parti e trasformandola in una superficie piana. Usatela come modello da ricalcare sul cartoncino. Ritagliate la sagoma e decoratela a piacere. Sull'esempio dell'originale, ricomponetela fissandola con la colla o il nastro adesivo. Invitate il bambino a usarla come contenitore per i suoi piccoli giochi.

Attenzione

Verificate preventivamente che la sagoma della scatola aperta venga contenuta interamente all'interno del cartoncino che pensate di utilizzare.

Super mappa

Materiali necessari

Rotolo di carta bianca
della lunghezza
di almeno 2 metri
Pennarelli
Nastro adesivo di carta

6 anni

Disegno

Compleanno

Modalità

Stendete il rotolo di carta per terra, eventualmente fissandolo con nastro adesivo. Invitate i bambini a disegnare la mappa della loro via con tanto di negozi, alberi o altri edifici particolari, scrivendone il nome o disegnando le insegne e infine rappresentando se stessi intenti nelle proprie attività.

Giardino ideale

Materiali necessari

Foglio di carta formato A3,
anche di recupero
Catalogo di fiori e arredo
da giardini e parchi giochi
Colla stick
Forbici

6 anni

Disegno

Ogni giorno

Modalità

Procuratevi dei cataloghi di fiori e arredo da giardini e parchi giochi. Mostrateli al bambino chiedendo di ritagliare i soggetti più belli per creare sul foglio il collage del suo parco giochi ideale.

Fate alate

Materiali necessari

Foglio formato A3,
anche di recupero
Carta dorata di Natale
(o carta alluminio da cucina)
Cotone per il viso
Colla vinilica
Colla glitter
Forbici
Matite
Pennarelli

6 anni
Disegno
Ogni giorno

Modalità

Invitate il bambino a disegnare fatine alate, con ali piuttosto grandi, che poi gli farete ritagliare. Incollate prima uno strato sottile di cotone per il viso sotto la carta dorata, quindi il tutto sotto il foglio disegnato in corrispondenza del foro delle ali, in modo che sia visibile la parte dorata.

Incollate l'intero foglio sopra un altro di uguale misura, colorate e completate con i pennarelli e la colla glitter.

Disegno a occhi chiusi

Materiali necessari

Foglio di carta formato A4,
anche di recupero
Matite

6 anni
Disegno
Ogni giorno

Modalità

Invitate il bambino a sedere al tavolo con il foglio davanti a sé. Chiedetegli di chiudere gli occhi e di disegnare a occhi chiusi quello che gli verrà indicato. Aiutatelo guidando la sua mano verso la matita e posizionandola al centro del foglio.

All'inizio proponete figure geometriche elementari specificando forme e loro posizione nel foglio, poi sbizzarritevi con soggetti più difficili. Dopo ogni disegno i ruoli di disegnatore e suggeritore si invertono. Le risate sono assicurate.

Ricopio la copertina

Materiali necessari

Foglio di carta formato A4, anche di recupero
Matite
Pastelli
Gomma

6 anni
Disegno
Ogni giorno

Modalità

Fate scegliere al bambino un libro o un giornalino con una copertina che gli interessa. Invitatelo a ricopiarla sul foglio osservandola e completandola con tutti i particolari, titolo e autore compresi. Scegliete anche voi un soggetto e cimentatevi a disegnare insieme a vostro figlio.

Bacheca dei capolavori

Materiali necessari

Bacheca (o lavagnetta da cucina)

6 anni
Disegno
Ogni giorno

Modalità

Munitevi di una lavagnetta da cucina (meglio ancora una bacheca in sughero). Appendetela in un luogo visibile della casa e spiegate al bambino che quello è lo spazio riservato ai suoi disegni preferiti. Sarà suo compito sostituire ogni settimana il capolavoro del momento.

L'esperienza lo gratificherà, anche se toccherà sempre a voi ricordargli di rinnovare la bacheca.

Biglietto di auguri più grande del mondo

Materiali necessari

Rotolo di carta bianca lungo almeno 2-3 metri
Pennarelli
Nastro adesivo di carta

6 anni
Disegno
Compleanno

Modalità

Stendete il rotolo di carta per terra, eventualmente fissandolo con del nastro adesivo. Invitate i bambini a disegnare o a scrivere, per il festeggiato, il biglietto di auguri più grande del mondo.

Segnali pazzi

Materiali necessari

Fogli di carta formato A4, anche di recupero
Pennarelli
Forbici

6 anni
Disegno
Ogni giorno

Modalità

Preparate e ritagliate alcuni disegni di segnali stradali comuni (triangolo per indicare «pericolo», cerchio per indicare «divieto di»...) e spiegate al bambino il significato.

Chiedetegli poi di completare altri segnali di cui avrete disegnato solo la forma, senza specificare il significato, ricordando che il triangolo sta per un pericolo e il cerchio per un divieto. Vi stupiranno con la loro fantasia.

Etichettando

Materiali necessari

Etichette adesive bianche
da ufficio
Pennarelli (o pastelli)

6 anni

Disegno

Ogni giorno

Modalità

Fate decorare al bambino le etichette adesive, spiegandogli che serviranno per riconoscere i libri di scuola e che perciò dovranno riportare anche il suo nome e la sua classe.

Conduco io

Materiali necessari

Nessuno

6 anni

Far finta che

Ogni giorno

Modalità

Scegliete con il bambino una meta nota a entrambi che sia raggiungibile a piedi da casa vostra e invitatelo a essere lui a condurre.

Premiatelo quando arrivate al traguardo.

Attenzione

Ricordate al bambino di prestare attenzione alle automobili e di rimanere sul marciapiede. Chiarite da subito che potrà attraversare solo sulle strisce pedonali dando la mano al genitore, e che dovrà sempre rispettare le indicazioni del semaforo.

Seguo la mappa

Materiali necessari

2 fotocopie ingrandite
dello stradario cittadino
Matita

6 anni

Giochi all'aperto

Ogni giorno

Modalità

Sulle 2 fotocopie ingrandite dello stradario cittadino tracciate un percorso che parta da casa vostra (o da un altro luogo ben noto al bambino) fino a una meta conosciuta (per esempio, casa dei nonni, supermercato, scuola ecc.), a patto che sia insolito. Una copia della mappa viene affidata al bambino e una all'adulto.

Illustrate al piccolo il percorso sulla mappa senza rivelare la meta, ma precisandogli che sarà lui a fare da capofila e che vi limiterete a seguirlo. Se ancora non legge con chiarezza i nomi delle vie aiutatelo, anticipandogli di incrocio in incrocio quelle che incontrerà.

Indicategli i cartelli e leggeteli con lui ad alta voce. Scegliete percorsi brevi, sicuri e con poco traffico. Suggeritegli di controllare meglio la mappa quando sbaglia direzione.

Giunti alla meta, lodatelo e premiatelo con un piccolo regalo (un gelato se la meta è la gelateria, un fumetto se è un'edicola ecc.).

Per facilitare il compito, potete aggiungere alla mappa alcuni particolari come negozi, edifici pubblici, chiese, che incontrerete lungo il percorso, grazie ai quali il bimbo potrà verificare di essere sulla strada giusta.

Attenzione

Ricordate al bambino di prestare attenzione alle automobili e di rimanere sul marciapiede. Chiarite da subito che potrà attraversare solo sulle strisce pedonali dando la mano al genitore, e che dovrà sempre rispettare le indicazioni del semaforo.

Tennis in busta

Materiali necessari

Buste per spedizioni rigide con film a bolle interno, anche usate, di una misura più grande della mano del bambino
Pallina realizzata con un foglio accartocciato

6 anni
Giochi in casa
Ogni giorno

Modalità

Fate infilare a ogni giocatore la mano nella busta, che verrà usata come una racchetta per colpire la palla. Disponetevi in cerchio e lanciate la pallina di carta. Suggerisco la presenza di almeno un adulto che indirizzi con più precisione i tiri verso i bambini.

Attenzione

I materiali necessari sono facilmente trasportabili, e si possono conservare alcune buste in auto per giocare in ogni occasione, anche all'aperto o in spiaggia.

Telefonata misteriosa

Materiali necessari

Telefono
Carta
Matite
Biro
Gomma

6 anni
Giochi in casa
Ogni giorno

Modalità

Individuate un complice che vi fornisca il suo numero di telefono e sia diposto a rispondere al telefono a una data e ora certa, interpretando all'occorrenza se stesso o un personaggio di fantasia.

Sfidate i bambini a indovinare un numero di telefono attraverso quiz matematici la cui soluzione sia una delle cifre del numero misterioso. Scoperta la sequenza numerica, fategliela comporre sulla tastiera. Il complice starà al gioco dando alla telefonata un taglio pauroso o comico.

Dove si trova?

Materiali necessari

Nessuno

6 anni

Giochi in casa

Ogni giorno

Modalità

Fate osservare al bambino per 20 secondi gli oggetti di una stanza e poi fategli chiudere gli occhi. Ponetegli domande sulla collocazione, il colore o i dettagli di un oggetto della camera. Invertite a turno i ruoli.

Memoria veloce

Materiali necessari

Piccoli giocattoli simili tra loro
Foulard

6 anni

Giochi in casa

Ogni giorno

Modalità

Disponete sul tavolo i giocattoli, fateli osservare al bambino per 20 secondi e poi copriteli con un foulard. Mettete alla prova la sua memoria chiedendogli dettagli sugli oggetti nascosti.

Unisci le sillabe

Materiali necessari

Fogli di carta formato A4, anche di recupero
Pennarelli

6 anni

Giochi in casa

Ogni giorno

Modalità

Scrivete su ogni foglio una sillaba composta da 2 lettere in modo che, accostando 2 fogli, si formi una parola di senso compiuto (del tipo NA-VE, TO-PO, NI-DO, NO-DO, SO-LE oppure SA-LE). Preparatene parecchi, per poter costruire molte parole. Chiedete al bambino di leggere i fogli in sequenza e di dirvi che cosa rappresenta la parola completa, lasciandogli ovviamente il tempo necessario. Se fatica a mettere insieme le sillabe, proponetegli di leggerne una a testa (per esempio, la mamma legge «PI» e il piccolo «NO») e poi chiedetegli cos'è. Se il bimbo mostra di gradire il gioco, proponetegli di formare lui delle parole, e fategli notare che anche invertendo l'ordine dei fogli si possono creare parole nuove (del tipo MO-RA o RA-MO).

Attenzione

Il gioco può essere proposto anche a bambini di 5 anni, se riconoscono già abbastanza bene le lettere, e sicuramente a quelli di 6 anni all'inizio dell'anno scolastico.

I bambini grandi che già leggono in maniera scorrevole difficilmente troveranno il gioco interessante, se non nella parte dello scambio delle posizioni per creare parole nuove.

Rebus

Materiali necessari

Fogli di carta formato A4, anche di recupero
Pennarelli

6 anni
Giochi in casa o in automobile
Ogni giorno

Modalità

Disegnate dei semplici rebus composti da una sillaba e un disegno. Se il bambino riesce a indovinare la soluzione con facilità tentate anche con parole più complesse di 2 sillabe o 2 disegni. Eccovi dei suggerimenti: MO-*Mento*, *Mano*-VALE, GENI-*Tori*, *Denti*-STA, *Moto-Re*, *Pappa-Gallo*, *Topo*-LI-NO, *Carte*-LLO, *Re-Bus*, *Scala*-TO-*Re*, *Cane*-STRO, *Torre*-NTE, *Te*-LO, *Lente*-ZZA, *Re-Gola*, DE-*Collo*, *Braccia-Letti*.

Attenzione
Il bambino deve possedere adeguate competenze di lettura.

Twister sillabico

Materiali necessari
Foglio di carta formato A4, anche di recupero
Pennarelli

6 anni

Giochi in casa

Ogni giorno

Modalità
Come per l'attività *Unisci le sillabe*, scrivete su ogni foglio una sillaba composta da 2 lettere in modo che, accostando 2 fogli, si formi una parola di senso compiuto (del tipo RA-MO, SO-LE, SA-LE TO-PO, PI-NO ecc.), ripetendo più volte le medesime sillabe. Disponeteli sul pavimento disordinatamente, ma non troppo distanti tra loro. Il bambino deve toccare con mani o piedi la parola pronunciata dall'adulto, che ovviamente è una tra quelle che possono essere composte con le sillabe a disposizione. È una variante «scolastica» e «casalinga» del famoso gioco Twister, che utilizza i colori al posto delle lettere.

Con i più bravi potete utilizzare parole composte da più di 2 sillabe, con i più piccoli potete mostrare, durante il gioco, un foglio con scritta la parola completa. Una versione semplificata e molto divertente, che elimina l'aspetto agonistico, prevede che a turno i partecipanti cerchino liberamente di costruire una parola di senso compiuto saltando sulle lettere in successione e pronunciandola ad alta voce. Via libera alla fantasia.

Attenzione
Questa attività serve per ripassare in modo divertente e per consolidare le prime nozioni di lettura del bambino.

Letto-Memory

Materiali necessari

Cartoncino bianco,
anche di recupero
delle confezioni di merendine
Pennarelli
Forbici

6 anni

Giochi in casa

Ogni giorno

Modalità

Con il cartoncino preparate un numero pari di quadrati della medesima dimensione. Su una tessera di ogni coppia disegnate un oggetto dal nome semplice e sull'altro la parola corrispondente. La regola del gioco è quella del famoso *Memory*, per cui a turno si girano le tessere disposte in ordine sul tavolo per cercare di formare le coppie. Per rendere più difficile il gioco potete disegnare degli oggetti sia al plurale che al singolare (tipo MELA e MELE, VELA e VELE...) per verificare se il bambino fa attenzione le parole fino alla lettera finale.

Attenzione

Questa attività serve per ripassare e consolidare le prime nozioni di lettura del bambino, a cui potete chiedere di proporre e realizzare lui stesso delle tessere nuove.

Dymo

Materiali necessari

Etichettatrice DYMO a pressione

6 anni

Giochi in casa

Ogni giorno

Modalità

Recuperate dal fondo di qualche cassetto una vecchia etichettatrice da ufficio (tipo DYMO). Chiedete al bambino di etichettare alcuni oggetti della casa. Aiutatelo scandendo lentamente le lettere che compongono le parole.

Attenzione

Il bambino deve possedere adeguate nozioni di lettura dei caratteri stampati.

Indovina il numero

Materiali necessari

Nessuno

6 anni

Giochi in casa

Ogni giorno

Modalità

Un bambino pensa un numero da 1 a 20 (o da 1 a 100, a seconda delle conoscenze numeriche del gruppo). A turno, gli altri cercano di indovinarlo, facendo solo domande del tipo: «È maggiore di 4?»; «È minore di 15?» ecc. Vince chi indovina per primo.

Da casa a scuola

Materiali necessari

Fogli di carta formato A3, anche di recupero
Colla stick
Pennarelli
Matite

6 anni

Giochi in casa

Ogni giorno

Modalità

Incollate insieme i fogli a formare una superficie ampia. Segnate in un punto adeguato la partenza (la porta di casa vostra) e poi chiedete al bambino di proseguire disegnando il percorso abituale per andare da casa a scuola oppure verso un'altra meta ben nota che di solito percorrete insieme a piedi.

Invitatelo a disegnare correttamente gli incroci e le svolte, arricchendo il tutto con edifici o negozi di riferimento (chiese, supermercati, parchi giochi ecc.). Aiutatelo senza sostituirvi a lui e tollerate anche piccoli errori dovuti alla difficoltà di rappresentare in due dimensioni un percorso reale.

Attenzione

È importante che il bambino comprenda come orientarsi agli incroci e capisca, o almeno intuisca, la direzione presa.

Occhio al dettaglio

Materiali necessari

Foglio di carta da disegno bianco
Cartoncino colorato
(di 4 colori differenti)
Forbici
Biro

6 anni

Giochi in casa

Ogni giorno

Modalità

Preparate il tabellone da gioco disegnando sul foglio bianco numerose figure (per esempio, oggetti, animali, frutta ecc.) in modo da riempire tutta la superficie. Ritagliate delle carte su cui scriverete frasi del tipo: «È vivo»; «Puzza»; «È di legno»; «È pesante» ecc. Dotate ogni giocatore di un adeguato numero di marcatori ricavati ritagliando dei triangolini di cartoncino colorato. Mescolate le carte con le frasi e scopritele una alla volta.

Bisogna riuscire a marcare con il proprio triangolino le figure che rispondono alla definizione della carta. Vince la partita chi si aggiudica più figure.

Attenzione

Per l'adulto la preparazione del tabellone è impegnativa, ma il gioco è molto entusiasmante.

Misuro il tempo

Materiali necessari

Clessidra (di quelle contenute nei giochi in scatola)

6 anni

Giochi in casa

Ogni giorno

Modalità

Mostrate al bambino il funzionamento della clessidra e spiegategli che con essa potrete misurare il tempo. Decidete insieme delle azioni di cui volete misurare la durata (lavarsi i denti, mangiare una banana ecc.), poi contate quante clessidre ci vogliono per portarle a termine. Provate a dedurre insieme qual è l'azione più lunga.

Messaggi segreti

Materiali necessari

Fogli di carta formato A4
Bastoncino di ovatta (tipo cotton fioc)
Succo di limone
Ferro e asse da stiro

6 anni

Giochi in casa

Ogni giorno

Modalità

Con il bambino disegnate sul foglio un soggetto a piacere utilizzando un bastoncino di ovatta (tipo cotton fioc) intinto nel succo di limone. Lasciatelo asciugare e poi scaldatelo con il ferro da stiro. Con un po' di pazienza, vedrete comparire il disegno.

Attenzione

Il ferro da stiro deve essere maneggiato solo dall'adulto.

Enciclopedia dei bambini

Materiali necessari

Quaderno a righe
Biro (o matita)
Etichette adesive da ufficio

6 anni

Giochi in casa

Ogni giorno

Modalità

Suddividete il quaderno in sezioni distinte, da cui sporgeranno le etichette su cui segnerete l'argomento (animali, corpo umano, spazio, scienze, piante, storia ecc.). Chiedete saltuariamente al bambino di raccontarvi qualcosa che solo lui conosce relativamente agli argomenti elencati e trascrivetela sul quaderno. La stesura della sua personalissima enciclopedia richiederà molto tempo e si evolverà man mano che le sue conoscenze aumenteranno.

I più grandi, invece, scriveranno da soli sul quaderno.

Attenzione

L'attività è adatta solo ai bambini che frequentano la scuola primaria.

Corsivo libero

Materiali necessari

Foglio di carta grande, anche di recupero (per esempio, il retro di poster o di vecchi calendari)
Biro
Righello

6 anni

Giochi in casa

Ogni giorno

Modalità

Chiedete al bambino di scrivere quello che vuole in corsivo, seguendo il percorso che preferisce (retto, a spirale, tra due binari, tra due linee convergenti o divergenti, che avrete tracciato voi in precedenza).

Attenzione
L'attività è adatta solo ai bambini che frequentano la scuola primaria.

Angeli di pasta

Materiali necessari
Oggetti o giochi di cui il bambino conosce il nome inglese

6 anni

Giochi in casa

Ogni giorno

Modalità
Disponete sul pavimento numerosi oggetti di cui vostro figlio conosce il nome inglese. Invitatelo ad afferrare quello che pronuncerete ad alta voce. Il gioco si fa più stimolante se coinvolgete più bambini nella gara.

Attenzione
L'attività è adatta solo ai bambini che frequentano la scuola primaria.

Gioco dei mesi

Materiali necessari
Calendario

6 anni

Giochi in casa

Ogni giorno

Modalità
Calendario alla mano, ripassate il nome dei mesi, associateli al compleanno di familiari noti o di eventi importanti (compleanno della mamma, compleanno del bambino, vacanze al mare, Natale, Carnevale...).

Attenzione
L'attività è adatta solo ai bambini che frequentano la scuola primaria.

Salto in linea

Materiali necessari

Nastro adesivo di carta
Pennarelli

6 anni

Giochi in casa

Ogni giorno

Modalità

Attaccate sul pavimento una striscia di nastro adesivo di carta su cui segnare i numeri da 1 a 10 ben visibili e ben distanziati. Invitate il bambino a prendere posizione accanto a uno di essi, e fatelo saltare avanti o indietro a seconda se debba sommare o sottrarre delle cifre. Infine fategli pronunciare ad alta voce il risultato.

Attenzione

L'attività è adatta solo ai bambini che frequentano la scuola primaria.

Caccia al corsivo

Materiali necessari

Fogli di carta formato A4, anche di recupero
Pennarelli
Forbici

6 anni

Giochi in casa

Ogni giorno

Modalità

Preparate tanti bigliettini in cui scriverete in corsivo con un linguaggio enigmatico e per indovinelli le tappe della caccia al tesoro e poi nascondeteli secondo le sequenze della caccia (per esempio, televisione, ombrello, pupazzo preferito, doccia...). Consegnate al bambino il primo biglietto spiegandogli che troverà il secondo nel posto misterioso indicato sul foglietto. Aiutatelo nella comprensione degli indizi e state sempre al suo fianco. Nascondete il premio (gioco, caramella ecc.) nell'ultima tappa. Potete aumentare la difficoltà degli indizi proporzionalmente all'età del bambino.

Attenzione
L'attività è adatta solo ai bambini che frequentano la scuola primaria.

Acronimo

Materiali necessari
Fogli di carta formato A4, anche di recupero
Pastelli
Pennarelli

6 anni

Giochi in casa

Ogni giorno

Modalità
Scrivete sul foglio il nome di un familiare in verticale. Chiedete al bambino di dirvi le qualità che caratterizzano la persona in questione e che cominciano con le lettere del suo nome.

Attenzione
L'attività è adatta solo ai bambini che frequentano la scuola primaria.

Comincia con...

Materiali necessari
Nessuno

6 anni

Giochi in casa o in auto

Ogni giorno

Modalità
Se dovete ingannare i momenti di attesa o distrarre i bambini annoiati da un viaggio in auto, provate a gareggiare con loro alla ricerca di tutti i nomi che cominciano con una iniziale prestabilita.

Orienteering casalingo

Materiali necessari

Foglio di carta formato A3, anche di recupero
Matita
Pennarelli
Forbici

6 anni

Giochi di gruppo

Compleanno

Modalità

L'adulto prepara un disegno della mappa della planimetria della casa abbastanza realistica, inclusi i dettagli di mobili, porte e finestre indicati con opportune didascalie (la presenza di un giardino o uno spazio all'aperto renderà il gioco più stimolante). Vanno realizzate tante mappe quanti sono i gruppi partecipanti. Su ognuna indicate una posizione contrassegnata da un simbolo e un numero, diversa per ogni gruppo. Nei posti contrassegnati nascondete un foglio con una porzione di frase. La gara consiste nel ritrovare, con il solo aiuto della mappa, tutti i messaggi e ricostruire la frase corretta nel minor tempo possibile. Cercate di ideare percorsi di difficoltà equivalente per i vari gruppi partecipanti.

Attenzione

La preparazione è impegnativa per l'adulto. Questa attività richiede una casa spaziosa o un luogo all'aperto.

Imitazioni facili

Materiali necessari

Vecchio mazzo di carte
Etichette adesive da ufficio
Pennarelli

6 anni

Giochi di gruppo

Compleanno

Modalità

Attaccate 1 adesivo su ogni carta e scrivete il nome di un oggetto o di una azione facile da leggere e da imitare (cucinare, mangiare, correre, nuotare ecc.). Mescolate le carte; a turno i giocatori pescano dal mazzo e leggono l'etichetta senza rivelarne il contenuto. Devono imitare al meglio quanto indicato finché gli altri non indovinano. Stabilite un tempo ragionevole entro cui indovinare.

Attenzione
Il bambino deve leggere speditamente.

Bandiera delle sillabe

Materiali necessari
Cartoncino bianco, anche di recupero
Forbici
Nastro adesivo
Pennarelli
Spago
Fazzoletto

6 anni

Giochi di gruppo

Compleanno

Modalità
Il gioco è uguale a quello della *Bandiera degli animali* (*vedi* a p. 118): si sostituiscono gli animali con sillabe. La coppia che deve acciuffare il fazzoletto è formata dalle 2 sillabe che formano una parola di senso compiuto (per esempio, ME-LA, NE-VE, MO-RA). L'adulto chiama una parola e devono accorrere i due bambini che insieme la formano.

Per rendere il gioco più difficile si può invertire l'ordine delle sillabe (per esempio, LA-MA, VE-NE, RA-MO).

Attenzione
Il bambino deve possedere adeguate competenze di lettura.

Pesca la prova

Materiali necessari

Fogli di carta formato A4
Pennarelli
Sacchetto di stoffa (o federa)

6 anni

Giochi di gruppo

Compleanno

Modalità

Piegate e ritagliate i fogli in 4 parti; su ogni biglietto scrivete una prova di facile esecuzione, poi ripiegateli, metteteli nel sacco e mescolateli. Fateli pescare a ciascun bambino, che dovrà leggere ad alta voce il contenuto e sottoporsi alla prova. Se riuscirà verrà premiato con un dolcetto.

Eccovi alcuni suggerimenti: bere un bicchiere di acqua; fare 10 saltelli su un piede solo; fare 10 passi all'indietro senza urtare nessuno; impilare una torre di biscotti senza farli cadere; fare 5 passi a occhi chiusi; costruire una barchetta di carta in meno di 15 secondi; scrivere il proprio nome al contrario ecc.

Le prove devono essere divertenti e mai umilianti per il bambino nel caso non gli riuscissero.

Attenzione

Il bambino deve possedere adeguate competenze di lettura del carattere utilizzato per scrivere i biglietti (stampatello o corsivo).

Gara di bottoni

Materiali necessari

Camicia (completa di bottoni e asole)
Clessidra (o un orologio con cronometro)

6 anni

Giochi di gruppo

Compleanno

Modalità

Distendete a terra una camicia aperta; a turno, i bambini gareggiano per allacciare più bottoni possibile prima che la clessidra si esaurisca (o entro un tempo che avrete stabilito in precedenza).

Gara di barattoli

Materiali necessari

Barattoli per le conserve
Bottigliette di plastica (o altri contenitori con tappo a vite)
Scatolone
Clessidra (o un orologio con cronometro)

6 anni
Giochi di gruppo
Compleanno

Modalità

Mettete i barattoli, le bottiglie e i coperchi in uno scatolone. I bambini gareggiano ad avvitare più barattoli possibile prima che la clessidra si esaurisca (o entro un tempo che avrete stabilito in precedenza).

Attenzione

Ricordate ai bambini di fare attenzione con i barattoli di vetro.

Scheletro

Materiali necessari

Cartoncino bianco
Forbici
Fermacampioni

6 anni
Giochi di gruppo
Halloween

Modalità

Disegnate sul cartoncino bianco le ossa di uno scheletro a grandezza quasi naturale, poi ritagliatele e foratele alle estremità in modo da poter ricostruire, con i fermacampioni, uno scheletro mobile nelle sue parti. Quindi nascondetele per la casa, invitate i bambini a trovarle e infine a costruire lo scheletro con i fermacampioni.

Gara di rebus

Materiali necessari

Fogli di carta formato A4
Pennarelli

6 anni

Giochi di gruppo

Compleanno

Modalità

L'adulto prepara anticipatamente sui fogli dei rebus semplici, con prevalenza di figure sulle lettere (per esempio, il disegno di *braccia* + *letti* = braccialetti; il disegno di *re* + *te* = rete ecc.), e li mostra ai bambini uno alla volta, invitandoli a indovinare per primi. La gara diventa subito appassionante.

Attenzione

Se i bambini hanno iniziato da poco la scuola primaria, utilizzate solo parole formate da sillabe semplici (per esempio, il disegno di *vele* + la sillaba No = veleno).

Narrafilm

Materiali necessari

Nessuno

6 anni

Giochi di gruppo

Ogni giorno

Modalità

Invitate i bambini a raccontare al resto del gruppo un film visto al cinema o in televisione. Fate da moderatori se gli interventi si accavallano e spronate con domande i più timidi.

Attenzione

La preparazione di questa attività è leggermente laboriosa.

Svela il codice

Materiali necessari

Fogli di carta A4,
anche di recupero
Matite

6 anni

Giochi di gruppo

Halloween

Modalità

Preparate un foglio con un messaggio misterioso e minaccioso in un codice ottenuto sostituendo alle lettere uguali un simbolo inventato. Riportate in fondo alla lettera la corrispondenza tra codice e lettere dell'alfabeto.

Per rendere il gioco più misterioso potete dare al foglio un aspetto più «antico», bruciandone con attenzione il bordo con un accendino.

Attenzione

L'attività è adatta solo ai bambini che frequentano la scuola primaria.

Addobbo a scheletro

Materiali necessari

Creta bianca (tipo Das bianco)
Spago
Pennarelli

6 anni

Lavoretti di Halloween

Halloween

Modalità

Con lo spago preparate una sorta di armatura costituita da corpo, braccia, gambe e testa. Annodatelo a ogni estremità. Su questo supporto con la creta bianca fate costruire al bambino lo scheletro lasciando le articolazioni mobili.

Lasciate asciugare 2 giorni, poi completate il teschio con i pennarelli e appendetelo sulla porta di casa o della stanza di vostro figlio.

Attenzione
Questa attività richiede un'ottima manualità.

Fiocchi di neve

Materiali necessari
Bastoncini di ovatta (tipo cotton fioc)
Spago sottile dorato
Colla glitter dorata

6 anni

Lavoretti di Natale

Natale

Modalità
Radunate 6 bastoncini in un mazzetto e annodateli ben stretti più volte al centro con lo spago dorato, a cui lascerete dei capi lunghi. Mostrate al bambino come ruotare i bastoncini per fare una specie di fiocco di neve a 6 bracci. Lo spago dovrà essere passato più volte tra i bracci per tenerli separati.

L'attività richiede un'elevata manualità; se il bimbo si mostra in difficoltà aiutatelo e indirizzatelo verso la fase decorativa. Con la colla glitter dorata abbellite il fiocco e utilizzatelo come addobbo per l'albero di Natale o per le finestre.

Attenzione
Suggerisco di preparare prima un discreto numero di mazzetti da usare per l'attività di sola decorazione.

Medaglioni di gesso

Materiali necessari
Polvere di gesso (in vendita presso i negozi di bricolage)
Ciotola usa e getta
Cucchiaio
Colori a tempera (o acquerelli)

6 anni

Lavoretti per la mamma

Festa della mamma

Pennelli
Piatti usa e getta
Spago
Stuzzicadenti
Fotografia del bambino
Colla vinilica (o nastro biadesivo)

Modalità

Preparate la miscela di gesso e acqua secondo i dosaggi e le istruzioni della confezione. Versate il composto semiliquido in un piatto «usa e getta» fino a formare un medaglione di 2 cm di spessore. Dopo 1 ora circa, quando il gesso è ancora fresco, praticate con lo stuzzicadenti un foro con cui appenderete il lavoretto. Lasciate asciugare il tutto 12 ore (l'attesa è la parte più difficile per il bambino). Estraete con delicatezza il medaglione solidificato e fatelo decorare con i pennelli e le tempere (o gli acquerelli, che asciugano prima). Completate il tutto con una fotografia del bambino da attaccare con la colla o il nastro biadesivo al centro.

Attenzione

Se il bambino è più piccolo, potete preparare voi i medaglioni e limitare la sua attività alla sola parte decorativa.

Dama di carta

Materiali necessari

6 anni
Lavoretti per il papà
Festa del papà

Cartoncino leggero colorato (di 2 colori)
Forbici
Righello
Matita
Nastro adesivo
Nastro adesivo di carta
Tappi delle bottiglie di acqua (di 2 colori)

Modalità

Con il righello e la matita disegnate sul cartoncino delle strisce di uguale spessore. Sul tavolino con il nastro adesivo di carta fermatene 8 affiancate dello stesso colore. Iniziate a «tessere» la scacchiera con le strisce dell'altro colore ortogonali alle prime e alternando ogni volta i passaggi (è più facile a farsi che a dirsi).

Completate la scacchiera ritagliando o ripiegando la parte dei nastri eccedenti e fermando il tutto con abbondante nastro adesivo nella parte inferiore. Disponete sui riquadri i tappi delle bottiglie dei 2 colori, proprio come per giocare a dama.

Burattini in gamba

6 anni

Teatro

Compleanno

Materiali necessari

Vecchia camicia con bottoni (di una misura che si possa allacciare attorno al ginocchio)
Nastro elastico da merceria
Ago
Filo
Occhialini da piscina
Tovaglioli rosa
Bandana
Chitarra giocattolo
Nastro adesivo
Pennarelli a punta fine
Carta bianca
Sedia (o sgabello) bassa

Modalità

A seconda dell'età e della predisposizione, l'esibizione può essere eseguita dal bambino o dall'adulto. Allacciate attorno al ginocchio la camicia a cui avrete attaccato 2 pezzi di elastico in fondo alle maniche, che poi legherete ai polsi. Sul ginocchio sistemate gli occhialetti da piscina, a cui avrete attaccato un naso finto realizzato appallottolando i tovaglioli rosa e, sulle loro lenti, 2 occhi finti che avrete disegnato sulla carta bianca con i pennarelli. Completate il burattino con una bandana legata al ginocchio come copricapo. Sedetevi sullo sgabello e muovete la gamba a suon di musica, mentre suonate la chitarra giocattolo. Buon concerto.

Attenzione
Vi consiglio di fare alcune prove, anche davanti allo specchio, per migliorare e rendere più realistici i movimenti.

Teatro Kamishibai

Materiali necessari
Scatola di cartone per camicie
Forbici (o taglierino)
Fogli di carta formato A4, anche di recupero
Matita
Gomma
Pennarelli
Carta da collage
Immagini o foto stampate di oggetti, animali fiori e piante trovate sul Web
Colla
Righello
Nastro adesivo

6 anni
Teatro
Compleanno

Modalità
Preparate un foglio con un messaggio misterioso e minaccioso in un codice ottenuto sostituendo alle lettere uguali un simbolo inventato. Riportate in fondo alla lettera la corrispondenza tra codice e lettere dell'alfabeto. Per rendere il gioco più misterioso, potete dare al foglio un aspetto più «antico», bruciandone con attenzione i bordi con un accendino.

Attenzione
Il teatro Kamishibai è un'antica forma di narrazione nata in Giappone nel 1920 e paragonabile a quella dei nostri cantastorie itineranti. Un narratore si esibisce supportando la lettura ad alta voce con immagini.

L'attività può consistere sia nella realizzazione del «teatro» che nell'ideazione e rappresentazione di una storia. Se la costruzione del teatro vi sembra troppo complessa per consentire al bambino di aiutarvi, provvedete prima voi e proponetegli solo l'attività di ideazione e narrazione.

Per il teatro: tagliate e asportate uno dei lati lunghi del bordo del coperchio della confezione per camicie, poi, aiutandovi con un righello, all'interno del coperchio disegnate con la matita una cornice di almeno 3 cm di lunghezza, che sarà il perimetro del vostro schermo. Prima di procedere a tagliare con il taglierino e successivamente ad asportare la parte centrale dello schermo, verificate che i fogli A4 adagiati all'interno del coperchio vengano trattenuti dalla cornice. In caso contrario, ridisegnatene una più spessa.

Decorate a vostro piacimento la parte esterna dello schermo che viene mostrata al pubblico (con collage, glitter ecc.).

Collocate lo schermo (cioè il coperchio forato della scatola) in verticale, inserito all'interno della parte ancora inutilizzata della scatola che, posizionata sul tavolo orizzontalmente, fungerà da base, nonché da contenitore di raccolta delle illustrazioni già utilizzate. Raccomando che il lato del coperchio con il bordo rimosso resti verso l'alto. L'intera struttura dovrà risultare stabile, utilizzando all'occorrenza anche del nastro adesivo.

Per le illustrazioni: coinvolgete il bambino nell'ideazione di una storia semplice con pochi personaggi, magari proponendogli immagini o fotografie di oggetti, animali o piante che avrete già disegnato o stampato. Il piccolo può anche decidere di disegnare completamente da solo la storia o di realizzare dei collage. Per semplificare l'attività e agevolare i meno fantasiosi, potete anche illustrare storie arcinote come le favole classiche (*Cappuccetto Rosso*, *I tre porcellini* ecc.).

Terminata la preparazione dei disegni, darete il via allo spettacolo vero e proprio, raccontando la storia, supportata dalle illustrazioni, a un pubblico di parenti e amici. I disegni vanno collocati tutti nello schermo in un ordine tale per cui basterà sfilare quello visibile per fa comparire il successivo. Il pubblico resterà stupito e divertito.

Se siete arrivati a leggere questa pagina, vostro figlio (o figlia) avrà ormai 6 anni, e la guida sarà diventata un vecchio compagno dalla copertina consunta e dalle numerose pagine piegate a segnalibro.

Questo sarebbe per me il premio migliore: sapere di essere stata utile, con i miei suggerimenti e le mie chiacchiere, a tante mamme ma anche a tanti papà, che mi piace immaginare sempre più profondamente curiosi e innamorati dei propri cuccioli.

L'AUTRICE

Alessandra Zermoglio è nata nel 1966 a Voghera (Pv) dove attualmente vive con la figlia Martina e il marito Bruno.

Dopo aver conseguito la laurea in Ingegneria Civile al Politecnico di Milano, ha viaggiato e lavorato in Italia e in Svizzera approdando poi stabilmente nella sua città natale, dove svolge l'attività di funzionario nella pubblica amministrazione.

Appassionata da sempre di letteratura per ragazzi e del mondo dell'infanzia, con l'arrivo della figlia ha finalmente potuto dedicarsi anima e cuore a un nuovo entusiasmante «progetto»: giocare, creare e comunicare amore ed esperienze al suo inestimabile tesoro di nome Martina.

Ideazione e coordinamento
Antonio Monaco

Copertina
Roberto De Gregorio

Progetto grafico degli interni
Sonia Lacerenza

Redazione
Paola Costanzo
Maria Teresa Sirna

Impaginazione
Sonia Lacerenza

Stampa
A4, Chivasso (To)
ECOMPANY
NO EFFETTO SERRA
http://graphics.lvds.it

I lettori che desiderano essere informati
sulle novità pubblicate dalla nostra casa editrice
o esprimere le proprie considerazioni su questo libro
possono scrivere, e comunque rivolgersi a:

Edizioni Sonda
corso Indipendenza 63
15033 Casale Monferrato (Al)
Tel. 0142 461516 - Fax 0142 461523
E-mail: sonda@sonda.it
Web: www.sonda.it

pp. 144 - € 14,00

Con un linguaggio chiaro e poetico, Margarita Klein guida i genitori a praticare massaggi nelle diverse situazioni: come cura, come occasione di gioco, ma anche come pratica per alleviare disturbi psicologici e fisici.